Hablemos de Política y Religión

Hablemos de Política y Religión

T.G. Vitko

Columbus, Ohio

Hablemos de Política y Religión

Published by Gatekeeper Press
2167 Stringtown Rd, Suite 109
Columbus, OH 43123-2989
www.GatekeeperPress.com

Library of Congress Control Number: 2021938899

ISBN (paperback): 9781662923128

Para Sophia y Alexander y a todos los nietos criados por parientes no restrictivos, enseñados por un sistema de educación parcializado, e informados por una prensa partisana: su generación y el mundo está en peligro si no demandan ser gobernados por la razón y la verdad.

Hablemos de Política y Religión

Se dice que la política es el arte de gobernar, esto es, el ejercicio de control sobre la gente estableciendo y haciendo cumplir las decisiones colectivas. Este control provee a los políticos el poder de influenciar nuestras acciones, creencias, y/o comportamientos a menos que nosotros, el pueblo, pongamos límites a esta influencia. Similarmente, la religión es un conjunto de creencias y prácticas basadas en la fe (creer en algo a pesar de que no lo vemos) que sirve para subordinarnos a algo superior o sagrado para tratar de develar el misterio extraordinario de la vida que nos rodea. La misma vida que la ciencia trata de describir pero que no puede explicar completamente. Las religiones son manejadas por personas que también ejercen control sobre la gente a través de decisiones canónicas que nacen de creencias y tradiciones ancestrales.

Observando a los países del mundo, podemos ver enormes diferencias. Entre los países con muchos recursos naturales, algunos prosperan y otros sufren. De los países con pocos recursos naturales, también algunos prosperan y otros sufren. ¿Qué hace que algunos países sean prósperos y otros pasen apuros? Sin duda alguna, la causa de estas diferencias es la gente en el poder, los que rigen los asuntos políticos y religiosos son los que controlan el destino de su gente.

Este libro analiza las diferentes corrientes filosóficas, ambas políticas y religiosas, examina los hechos lógicamente y resuelve las siguientes interrogantes: ¿Cuál es el sistema político más benéfico para la mayoría de la gente? ¿Qué sistema político ha fallado cada vez que se ha probado? ¿Por qué hay una separación de la iglesia del estado? ¿Es posible discutir sobre religión? ¿Cuáles son las escrituras religiosas que afirman ser de Dios? ¿Es posible discernir entre estas escrituras cuál es la verdadera? ¿Qué es la verdad? ¿Qué es lo que dice la verdadera palabra de Dios? ¿Qué es lo que dice la palabra de Dios acerca de nuestra historia y de nuestro futuro?

Preguntas todas muy desafiantes que la mayoría tiene miedo de preguntar o que cree que estas no tienen respuesta. Este libro trata de proporcionar respuestas a estas interrogantes a través de un proceso racional y concienzudo basado en hechos.

Introducción

La gente muchas veces dice: "No hablemos de política o de religión" como para evitar conflictos con los demás. Esta gente sólo se siente cómoda hablando de lo que naturalmente resta: las banalidades y el chisme. Ambos no requieren de mucho esfuerzo detrás de las palabras; son simplemente no edificantes y muchas veces destructivas.

La verdad es que la política y la religión (mejor dicho, Dios) son las disciplinas supremas que toda persona debería de tener una opinión sobre ellas. ¿Por qué? Porque la política domina nuestra vida física y Dios norma nuestra vida espiritual. Uno rige la vida que vivimos ahora, y la otra la vida que viviremos eternamente. Si esto no es importante para ti, no sé qué decir.

¿Entonces, por qué la gente no quiere hablar sobre estos importantes asuntos? Simplemente, porque hablar de estos temas requiere un cierto grado de conocimiento sobre un amplio rango de temas. La mayoría no quiere molestarse en leer, pensar, y discutir para cultivar una opinión basada en hechos sobre política y religión y prefiere la salida fácil: evitar y ser indiferente. Esto denota el pobre nivel de educación que las escuelas dan en estos tiempos. En el pasado, los colegios daban clases obligatorias de filosofía, economía, educación cívica, y religión. Estos cursos se caracterizaban por ofrecer oportunidades para discutir entre los profesores y los alumnos diferentes puntos de vista, lo que no siempre ocurría en los otros cursos. Todavía me acuerdo las discusiones de uno y otro lado, que muchas veces continuaban fuera de clase en temas como "¿los medios justifican el fin?" o "¿cuándo realmente comienza la vida del feto?" entre otros.

Para hablar de política hay que tener un conocimiento básico de filosofía (las diferentes corrientes filosóficas, cómo se formaron, y las ideas detrás de ellas), de historia (los diferentes modelos socio-económicos probados a través del tiempo y los resultados de cada uno de ellos), de psicología (cómo la naturaleza humana se adaptó o reaccionó a las diferentes filosofías y a los diferentes modelos económicos), de practicidad (si lograron mejorar la vida de las gentes en los diferentes niveles socio-económicos), y finalmente, de mucho sentido común y lógica para entrelazar estos temas aparentemente complejos con nuestras experiencias de vida y con los hechos históricos.

Para hablar de religión hay que tener cierto conocimiento de las mayores religiones. Es importante saber un poco acerca de los orígenes, creencias, y doctrinas de cada religión, especialmente las que afirman ser la palabra de Dios. Con estos antecedentes, tus argumentos serán sólidos y la fe en tus propias creencias serán consolidadas. Para aquellos que se consideran agnósticos o ateos, el libro ofrece una sección que también discute a detalle esta postura.

A medida de que te enteres más sobre los temas arriba mencionados, te mostrarás más "académico" cuando los discutas con la gente. Sin embargo, un conocimiento básico sobre estos temas sería suficiente para formar en ti una posición firme en base a conceptos que resultan bastante claros a cualquiera que los aborde de manera imparcial y tolerante. Esto es importante, y se aplica a cualquier proceso de aprendizaje: es necesario abordar las ideas con una mente abierta. Es imposible aprender un concepto nuevo con la mente concebida. Es crucial considerar y reflexionar sobre nuevos conceptos y hechos a medida de que estos son presentados. Es imposible aprender mientras que al mismo tiempo uno trata de medir la información contra nuestros prejuicios. Pero lo opuesto también es verdadero; si se presentan suficientes pruebas que demuestran que una idea es veraz, es esencial aceptarla como hecho y construir en base a ello y continuar con el siguiente concepto o idea.

Otro aspecto que es también absolutamente verdadero para cualquier aprendizaje: este es un ejercicio en la aplicación de lógica pura. Es necesario dejar los sentimientos de lado. Entiendo que esto es difícil para ciertas personas, especialmente en esta era de "todo es acerca de los sentimientos." La gente ya no dice: "creo esto o aquello" sino "siento esto o aquello." Es correcto tener sentimientos, pero una señal de madurez es la habilidad de saber cuándo es el momento de escuchar a tu corazón y cuándo permitir que tu cerebro tome el control y asuma los asuntos con lógica.

Es natural que los jóvenes cuestionen todo, especialmente las cosas que aparentan estar equivocadas con la sociedad. La madurez enseña que hay que encontrar la causa principal de los asuntos en vez de simplemente reaccionar emocionalmente por las injusticias de este mundo. Tal vez esta es la razón mucha gente no trata de pensar más a fondo sobre las cosas. Pero hemos sido creados con una mente y un corazón. Un corazón para sentir compasión y amor, y una mente para regular, para comparar contra la experiencia, para discernir entre lo bueno y lo mejor, dadas las circunstancias. No mantengamos la mente inactiva y gobernada por sentimientos. Si crees muy intensamente en algo, no sólo sientas compasión, cariño, amor, odio, o disgusto, pero piensa qué puede hacerse para resolver lo que te molesta. Los sentimientos existen para echar a andar a la mente. Ni bien tu ser pasa de sentir a buscar una solución, llega el momento de investigar a fondo la cuestión y continuarlo con acciones. Los sentimientos son fugaces y pasajeros, cambian con las circunstancias. Las ideas, por otro lado, se quedan y construyen formando conceptos que se tornan irrefutables. Hay una razón por la que nuestro cerebro está por encima de nuestro corazón. Nuestra mente, por diseño, está destinada a gobernar nuestro corazón.

Hablando de Política

Las ideologías políticas van de la mano con las escuelas de pensamientos filosóficos, también conocidas como movimientos, doctrinas, o corrientes filosóficas. El estudio de la filosofía está dividido en:

- Estética que estudia la naturaleza de la belleza, el arte, el gusto, y la creación de las verdades personales.
- Epistemología que estudia la fuente, la naturaleza, y la validez del conocimiento. Cosas como: ¿Cómo es el conocimiento diferente de la creencia? ¿Cuánto podemos saber? ¿Cómo es que obtenemos conocimiento? ¿Puede el conocimiento ser objetivo?
- Ética que estudia lo que es correcto, lo que es bueno, y lo que tiene valor. Trata de utilizar la metodología filosófica para identificar lo que es moralmente correcto en varios campos de la vida humana.

Existen muchas corrientes filosóficas. Las más importantes han evolucionado con el tiempo, construyendo sobre las ideas de escuelas previas, las que se presentan aquí con un resumen y en orden cronológico:

1. Naturalistas Tempranos: 600-400 AC, Thales de Mileto, Heráclito, Demócrito

¿Cuál es la verdadera naturaleza escondida de la realidad? ¿Son acaso uno de los simples ingredientes del mundo visible, como el aire, la tierra, el fuego, o el agua? ¿O son las invisibles, ínfimas y simples unidades llamadas 'átomos'? Podemos explicar las cosas sin referencia a los dioses. La realidad es simple.

2. Budismo: 600-500 AC, Gautama Buda

El sufrimiento tiene una causa y lo podemos sobrellevar con la meditación, siguiendo las ocho ramas para escalar el sublime sendero, y la contemplación de las sutras. Las muchas escuelas de Budismo son verdaderamente diversas en su pensamiento, unidas por las ideas sobre el sufrimiento. La verdad está en el sufrimiento.

3. Racionalismo Temprano: 510-430 AC, Pitágoras, Parménides, Zeno de Elea

Si la razón y las apariencias no concuerdan, ¿en cuál de ellas deberíamos de creer? Ya que la realidad se esconde, la razón es más fidedigna. Las matemáticas tienen la clave. Podemos deducir la existencia de una realidad muy simple, singular, y pura. La realidad está en las ideas.

4. Sofistas de Atenas: 450-400 AC, Protágoras, Gorgias

Si la gente juzga, ¿no es que la moralidad y la verdad dependen del observador y por lo tanto estos en verdad no existen? Si el relativismo es verdadero, entonces la moral es una invención para nuestra conveniencia egoísta y ni nuestros sentidos o nuestra razón son de confiar. Los ideales son falsos.

5. Sócrates y sus seguidores: 430-370 AC, Sócrates

¿Podemos evitar los peligros del relativismo que parece socavar la moralidad y que hacen que la búsqueda de la verdad sea imposible? Aunque los sentidos y la razón están llenos de dudas, la manera de pensar correcta conducirá a la verdad y la buena moral proseguirá de una percepción de la verdad. La duda conlleva a la bondad.

6. Academia Platónica: 390-270 AC, Platón

¿No deberíamos estar comprometidos con algún ideal más eterno y fijo si nos decidimos por la bondad y la verdad? La razón nos demuestra que debe haber un conjunto de ideas fijas e inmutables las que no sólo explican nuestros ideales más elevados sino también explican de qué manera entendemos los conceptos y el idioma. Sigue los ideales.

7. Aristóteles y los Peripatéticos: 350-270 AC, Aristóteles

¿No podríamos obtener un mejor control del conocimiento y la bondad sin comprometernos a ideales poco realistas que no podemos experimentar? La esencia de las cosas con que vivimos es eterna y fija de manera que podemos comprender la verdad, el propósito, y la virtud de cada cosa por una combinación cuidadosa de la observación y el análisis. Analiza la esencia de cada cosa.

8. Escépticos:350-250 AC, Pirro

¿Acaso las dudas elevadas por la filosofía no son tan abrumadoras y contradictorias que tratar de juzgarlas con confianza resulta imposible? Para cada argumento inventado hay un argumento plausible en contra, así es que la mejor solución es volverse muy pasivo, lo que trae una gran paz mental. Sé pasivo.

9. Cínicos: 390-300 AC, Diógenes

Si bien está claro que la moralidad y las costumbres son inventos de los humanos, ¿por qué una persona racional se conformaría a ellas? Deberíamos abandonar las reglas convencionales y seguir nuestros propios deseos, aunque la experiencia demuestra que la mejor vida no resta en la auto indulgencia, pero en la simplicidad y la moderación. Haz lo tuyo.

10. Epicúreos (Hedonismo): 310-250 AC, Epicuro, Lucrecio

Si los naturalistas están en lo correcto en su explicación de la realidad, ¿qué implicaciones tiene esto sobre cómo deberíamos de vivir nuestras vidas? Los naturalistas parecen dar la mejor explicación de la existencia, por lo tanto ¿deberíamos de aceptar su dependencia en los sentidos y su creencia en los átomos? La mejor vida es por lo tanto la que trae felicidad para nosotras criaturas físicas, una vida de placer prudente. Persigue el placer reservado.

11. Estoicos: 300-200 AC, Zenón de Citio, Crisipo de Solos

¿Es que no podemos encontrar una combinación balanceada de las doctrinas extremas y así deducir una manera correcta de vivir? El conocimiento debe venir de una combinación de los sentidos y la razón. Debemos aceptar el mundo material como fue diseñado y guiado por los dioses. Por lo tanto, debemos vivir de acuerdo con la naturaleza y aprender a vivir en aceptación calmada aún en los eventos naturales más crueles. Demuestra control.

12. Neo-Platónicos: 230-350 DC, Plotino

¿Cuánto podremos forzar a la razón para deducir la naturaleza verdadera de la realidad detrás del mundo de las apariencias físicas? Ahora podemos ver que las formas de Platón son de carácter religiosos y existen eternamente en la mente de Dios. La forma de bondad pura buscada por Platón es igual a Dios mismo. Sueña con los ideales elevados.

13. Cristianos: 150-1400 DC, Agustín de Hipona, Tomás de Aquino

¿Cuáles son las implicaciones lógicas de las enseñanzas de Cristo y son estas compatibles con las enseñanzas de los filósofos paganos? A pesar que a Aristóteles y a Platón les faltaba la revelación cristiana, sus ideas de metafísica, política, virtud, y lógica encajan muy bien con el Cristianismo y la extienden grandemente como una teoría intelectual. Los problemas cristianos como libre albedrío y la existencia del demonio requieren de la ayuda de los filósofos paganos. Sigue a Cristo racionalmente.

14. Islámicos Aristotelianos: 900-1100 DC, Averroes, Avicena

¿Cuánto podríamos encajar las ideas de Aristóteles a las enseñanzas de Mohamed en el Corán? El Islam es una religión global que debería tratar de incorporar la sabiduría obvia obtenida por los filósofos paganos en su propio punto de vista de la realidad. El Islam es racional.

15. Empíricos: 1690-1770, Locke, Berkeley, Hume

Dado que nuestra experiencia sensorial es nuestra única fuente de conocimiento, ¿hasta dónde puede extenderse nuestro conocimiento y cuáles son nuestras limitaciones inevitables? Podemos ver que la ciencia es el mejor camino a la verdad, y la filosofía nos demuestra las limitaciones de las afirmaciones sobre percepción, conocimiento, verdad, leyes, causas, el futuro, moralidad, y la política cuando se basan puramente en nuestras experiencias sensoriales. Sé científico.

16. Racionales: 1640-1800, Descartes, Spinoza, Leibniz, Kant

Dado que la razón es la única fuente fidedigna de conocimiento, ¿qué podemos deducir sobre la realidad del pensamiento puro, y cuánto podemos confiar de las apariencias de la experiencia sensorial? La razón nos dice que desconfiemos de nuestros sentidos, pero las ideas y la verdad existen en nuestra mente, y a través de un pensamiento cuidadoso podemos construir una imagen de la realidad utilizando la razón, las matemáticas, y la intuición. La ciencia tiene su lugar dentro del mucho más grande mundo espiritual e intelectual. Sigue la razón en todo.

17. Idealistas: 1800-1900, Hegel

Si nos comprometemos seriamente con el racionalismo, ¿qué podemos deducir sobre la verdadera naturaleza y el propósito de la existencia? Si prolongamos nuestro razonamiento, podemos ver que todas las ideas (y hasta la propia historia) convergen a un solo ideal y a una sola visión de la verdad, que existe en el mundo espiritual. Las ideas geniales son realidad.

18. Materialistas (Marxistas): 1600-1900, Hobbes, Marx, Darwin

Dado que lo único que existe en nuestro mundo es la materia física, ¿qué podemos deducir sobre nuestra identidad, y cómo deberían los individuos y las comunidades vivir sus vidas? Si comenzamos con nuestros sentidos, nos damos cuenta de que nada es seguro excepto el mundo físico, por lo tanto, debemos asumir que nada más existe, ya sea en nuestras mentes o en el mundo espiritual. Las leyes de la ciencia son las leyes de la vida humana. Quédate con lo que es físico.

19. Fenomenólogos: 1870-1930, Husserl, Merleau-Ponty, Sartre, Heidegger

Si Kant demostró que el conocimiento depende de cómo nuestras mentes funcionan, ¿podemos sin embargo algunas veces llegar a la verdad? Analizando nuestras propias mentes deberíamos poder despojarnos gradualmente de cualquier distorsión y distinguir la realidad de las apariencias. Analiza la mente.

20. Existencialistas: 1850-1950, Kierkegaard, Nietzsche, Sartre

Si aceptamos que nuestros sentimientos de libertad mental son verdaderos, ¿cómo deberíamos ejercitar esta responsabilidad en nuestras vidas? Debemos entender que no solo podemos escapar de las presiones sociales, sino también de las presiones mentales. Somos responsables de todo lo que hacemos y todo lo que somos. Vive a través de decisiones.

21. Analistas Lógicos: 1880-1980, Frege, Russell, Moore, Ayer

Si los problemas se fracturan en pasos a tomar y se pone atención a la lógica precisa y la evidencia (como lo hace la ciencia), ¿podemos llegar así a la verdad? Mientras que un acercamiento cauto hace muy dudosas las grandes pretensiones metafísicas, podemos progresar en nuestro pensamiento, especialmente en el entendimiento del complejo rol que tienen el lenguaje y la naturaleza de la mente. Analiza los problemas por partes.

22. Romanticistas: 1900's, Hegel, Schelling, Fichte

Enfatiza la autoconciencia emocional como una precondición necesaria para mejorar la sociedad y la condición humana. Sé consciente de ti mismo.

23. Pragmatistas: 1880-1980, Peirce, James, Quine

¿Podemos acercar la filosofía de la manera que la gente normal adquiere conocimiento y toma decisiones? Aceptamos que las cosas son ciertas porque funcionan en la práctica, y esta regla puede ser la base para la moralidad y la política, como para el conocimiento científico. Sigue lo que triunfa.

24. Post-Modernistas: 1970-1990, Derrida

¿Qué sigue del hecho que el relativismo es correcto y la verdad y la moralidad cambian continuamente con la cultura y el prejuicio? Nada es objetivamente verdad ya que hasta el lenguaje no está bajo nuestro control, entonces deberíamos de seguir el flujo de las cosas y no esperar ningún tipo de verdad estable ni ciencia, o moralidad, o política. Relájate.

25. Estructuralistas: 1960's, Lévi-Strauss

La cultura humana, siendo un conjunto de comportamientos aprendidos e ideas que caracterizan a la sociedad, es sólo una expresión de las estructuras subyacentes de la mente humana. Reestructúrate.

Análisis de los Movimientos Filosóficos

Ahora que te has familiarizado con todas las corrientes filosóficas, es normal estar de acuerdo con varias a la vez. Una notable filosofía que falta en la lista es el Monoteísmo, que data de los 2100 AC con Abraham, ¡la que antecede a los Naturalistas Tempranos por 1,500 años! Tal vez los eruditos no lo consideren una filosofía porque la idea viene directamente de Dios. Sin embargo, Abraham es considerado el padre de las religiones Judía (y por consiguiente de la Cristiana) y de la Musulmana. Esto me parece que es una omisión garrafal en las referencias académicas.

Lo que me sorprende es que los Naturalistas Tempranos, ya en los 600 AC, habían desarrollado el concepto de la unidad de la materia, el átomo, pero cayeron en la trampa de tratar de explicarlo todo en ausencia de Dios. Esto es exactamente como mucha gente piensa en estos días. Muchos dicen: "yo creo en la ciencia" como para descartar todo lo sobrenatural, pero creen, por ejemplo, en la sexualidad fluida cuando la ciencia claramente diferencia los varones, que son los que tienen cromosomas XY, de las mujeres con cromosomas XX. Este no es un muy buen argumento para nuestra susodicha evolución. Parece más bien como que estuviéramos retornando al tiempo de los Naturalistas Tempranos en un círculo vicioso.

Hemos ido desde la realidad es simple, a la verdad es en el sufrimiento, a la realidad está en las ideas, a los ideales son falsos, a las dudas conllevan a la bondad, a sigue los ideales, a analiza la esencia de cada cosa, a sé pasivo, a haz lo tuyo, a persigue el placer reservado, a demuestra control, a sueña los ideales elevados, a sigue a Cristo racionalmente, a el Islam es racional, a sé científico, a sigue la razón en todo, a las ideas geniales son la realidad, a quédate con lo que es físico, a analiza la mente, a vive a través de decisiones, a analiza los problemas por partes, a sé consciente de ti mismo, a sigue lo que triunfa, a relájate, a restructúrate.

Viéndolo de esta manera rápida, parecería describir las etapas de vida de una persona con muchos problemas. Lo bueno es que a la mayoría de las personas les importa un bledo lo que los filósofos a través del tiempo pensaban, ni qué corrientes filosóficas idearon. La mayoría de la gente estaba muy ocupada trabajando y luchando por mantenerse con vida. La filosofía era mayormente una preocupación de las clases dominantes. La ventaja que tuvo la humanidad en el pasado, que la escudaba de estas corrientes ideológicas, era la pobre comunicación. Esto no quiere decir que algunas filosofías no tuvieran un significativo y amplio impacto en diferentes culturas alrededor del globo en diferentes momentos de la historia. Lo tuvieron, pero aquellas corrientes filosóficas, en su mayoría, estuvieron y siguen estando asociadas con las religiones. Las excepciones son los movimientos comunistas y socialistas en los comienzos de los 1900s las mismas que tratan de reemplazar la religión con el culto al estado.

El Monoteísmo, exhibido muy tempranamente en nuestra historia (2100 AC), no tuvo un impacto global en la cultura occidental hasta después de 300 años de persecución, tortura, y asesinato de cristianos luego de la muerte de Jesús. El Islam hace su aparición en la región árabe solo 300 años después que el Cristianismo fue adoptado por los Romanos como su religión oficial. En la parte oriental del mundo, el Budismo se expande como una religión ateísta. El Buda mismo rechazó la idea de un dios creador, y los filósofos budistas argumentan que la creencia en un dios eterno es nada más que una distracción para los humanos en búsqueda de la iluminación.

Crisis de Comunicación

En estos días, el aislamiento de la comunicación descrita anteriormente se ha esfumado con la llegada de los teléfonos celulares, los incesantes shows noticiarios, y el Internet con sus numerosas plataformas de medios de comunicación social. Estas plataformas, que fueron inicialmente creadas por los techies para ayudar a la gente a conectarse e informarse, son las que ahora están ejerciendo su poder bloqueando ciertas personas de expresarse cuando sus ideas son contrarias a la de los techies. Peor que esto, la prensa y los techies, ahora convertidos en Big Tech, han empezado a diseminar falsas narrativas e información confundiendo o manejando la opinión pública hacia cierta ideología. Esto está causando tensión en la gente, creando polarización. Esta polarización es motivada por el obvio oligopolio de los entes informativos que pisotean la Primera Enmienda que protege la libertad de expresión en los Estados Unidos.

La prensa convencional fue descubierta que estaba secreta y ampliamente en favor de los Demócratas incluso ya en los 1990s, pero en esos entonces por lo menos hacían el esfuerzo de esconder su parcialidad en las noticias y en los comentarios. Desde que fueron expuestos, mayormente por los programas de entrevistas radiales (talk shows) que se popularizaron desde esa época, la reacción de la prensa no fue de corregir sus maneras, pero de convertirse abiertamente en los activistas para los Demócratas, lo que ha afectado su credibilidad y por lo tanto su audiencia. Según Gallup, alrededor de 60% de las personas en los 1990s opinaba que la prensa convencional reportaba las noticias completa, precisa, y equitativamente. Hoy en día esta opinión ha bajado a 40%; y más del 80% de la gente cree que la prensa convencional es descaradamente parcial. Podemos decir que actualmente la prensa convencional es cínicamente el brazo propagandístico del partido Demócrata. Sólo los países comunistas y socialistas tienen una prensa que actúa de esta manera.

Las universidades, que en el pasado eran bastiones de la libertad de expresión, notablemente en los 1960s, en estos tiempos han sido tomadas por socialistas fanáticos. Estos socialistas no hablan de la lucha de clases y no protestan contra las guerras promovidas por el gobierno, tienen una nueva narrativa: el Socialismo de Identidad. En el Socialismo de Identidad todo grupo minoritario en la sociedad es víctima de algo. Son víctimas de la moralidad (especialmente la cristiana), víctimas del Capitalismo, víctimas del racismo, víctimas de la cultura, hasta víctimas de la historia. Esta mentalidad de victimización naturalmente los lleva a la idea que ciertos grupos en la sociedad progresan porque son privilegiados.

Los socialistas de la identidad son fanáticos porque no permiten que su narrativa sea cuestionada. Como buenos fanáticos se han convertido en terroristas porque tratan de amordazar todo aquel que disiente con sus ideas, y si no lo logran con amenazas, recurren a la violencia y a la destrucción. Ejemplos evidentes de este comportamiento son los movimientos anarquistas Antifa y los comunistas Black Lives Matter[1]. Este es el resultado de padres de familia irrestrictos, maestros y profesores con ideas (y enseñanzas)

---

1   En 2016, el "Movement for Black Lives" una organización paraguas del BLM, emitió una plataforma política que consistía de numerosas propuestas políticas de ultra izquierda, incluyendo medicina socialista, la legalización de la prostitución, el perdón inmediato de todos los condenados por narcotráfico, y la reestructuración de la política fiscal para crear una "redistribución radical y sostenible de la riqueza."

muy parciales, una sociedad sumamente liberal, y jóvenes con exceso de tiempo y dinero en su haber. ¿Qué clase de profesionales van a ser los que se gradúen de estas universidades? Las universidades deberían ser lugares que protejan la libre discusión de ideas, conceptos, hipótesis, y teorías. Sin esta discusión, no puede haber aprendizaje. Las universidades se han convertido en campos de adoctrinamiento. ¡Qué lástima!

Escuelas de Pensamiento Político

De todas las corrientes filosóficas mencionadas, sólo algunas fueron aplicadas a la política. La política es en general considerada como el estudio del gobierno, sus instituciones, y el proceso de hacer decisiones que rigen el mundo en que vivimos. También puede ser el estudio de ideas como la justicia, la democracia, la igualdad, y la libertad; y de cómo se distribuye y aplica el poder. Además, la fuente del poder determina la diferencia entre democracia, oligarquía, y autocracia.

En una democracia, la legitimidad política se basa en la soberanía popular. Las formas de democracia incluyen la democracia representativa (por representantes elegidos), democracia directa (por referéndum), y denárquico (por jurados ciudadanos). Las democracias pueden ser repúblicas o monarquías constitucionales.

La oligarquía es una estructura de poder donde una minoría gobierna. Estas pueden ser en la forma de anocracia (una mezcla de democracia con características autocráticas), aristocracia (una pequeña y privilegiada porción de la sociedad tiene el poder), ergatocracia (dominada por los trabajadores similares a los comunistas), geniocracia (aboga por un mínimo de inteligencia de los candidatos políticos así como de los electores), gerontocracia (gobernada por adultos mayores), caquistocracia (gobernada por los poco escrupulosos), cleptocracia (dominada por corruptos), meritocracia (el poder se confiere a los más talentosos, esforzados, y los que tienen más logros), noocracia (dominada por filósofos), particracia (gobernada por los partidos políticos, no por los ciudadanos o políticos), plutocracia (dominados por los más ricos de la sociedad), stratocracia (gobernada por los jefes de las fuerzas armadas), tecnocracia (gobernada por expertos en cada área de responsabilidad, especialmente en base al conocimiento científico o técnico), teocracia (una deidad es reconocida como la autoridad que provee guía divina a intermediarios humanos), o timocracia (gobernada por propietarios).

Autocracias pueden ser dictaduras (incluyendo las militares) o monarquías absolutas.

Una Nota sobre el Fascismo

El Fascismo es una forma de ultranacionalismo autoritario caracterizada por el poder dictatorial, la represión de la oposición por la fuerza, y una fuerte regimentación de la sociedad y de su economía, que tuvo prominencia en los comienzos de los 1900s. Italia y Alemania (y en un grado menor España) formaron un eje en Europa que inició la Segunda Guerra Mundial contra las fuerzas aliadas del Reino Unido, los Estados Unidos, y la Unión Soviética.

La prensa asocia el Fascismo con la ultraderecha. Sin embargo, el término "Nazi" proviene de la versión corta de su nombre propio en alemán, "Nationale Sozialist." Como su nombre lo dice, es un movimiento socialista que ni siquiera se acerca a los ideales de ultraderecha que cree en gobiernos reducidos, amplias libertades personales, y el poder de la economía de Libre Mercado. ¿Qué representa una organización Nazi? Un gobierno central que toma el control total de la sociedad, donde sólo los de la élite en el gobierno tiene acceso a todo mientras que el pueblo es catalogado como tontos útiles, mantenidos de esta manera por su oficina de propaganda que emite noticias falsas. Ni bien alguno se convierte en una amenaza contra el gobierno, ya no es útil y como resultado es destruido. Los nazis son idénticos a los comunistas, excepto por sus rasgos racistas contra los judíos y otras minorías. La única razón por la que los nazis y los comunistas eran enemigos en la Segunda Guerra Mundial fue porque existieron en el mismo tiempo histórico y tenían las mismas ambiciones imperialistas, no porque tenían una ideología diferente.

Aplicaciones Prácticas de las Filosofías Políticas

Lo que sigue son las filosofías políticas con aplicaciones prácticas en países específicos:

Comunismo: aboga por la lucha de clases y promueve una sociedad donde toda propiedad es pública y cada persona trabaja y es remunerada de acuerdo con sus habilidades y a las necesidades del estado. No creen en la democracia; toman el poder por la fuerza. Platón, Marx, Engels, Fourier.

Actualmente China, Cuba, y Vietnam son ejemplos de países comunistas.

Socialismo: profesa que los medios de producción, distribución, e intercambio de productos deben ser propiedad o regulados por el estado. Se la presenta como un punto intermedio entre el Libre Mercado y el Comunismo, pero realmente es caracterizado por la dictadura de la clase trabajadora. Creen en la democracia como manera de tomar el poder, pero cuando lo logran, tratan de cambiar el sistema para perpetuarse en el poder. Marx, Proudhon.

Actualmente Argelia, Bangladesh, India, y Nicaragua son ejemplos de países socialistas.

Liberalismo: económicamente el Liberalismo moderno se opone a la reducción de los programas sociales y apoya el rol del gobierno en reducir la desigualdad, proveer educación, acceso a los sistemas de salud, regular la actividad económica, y proteger el medio ambiente. Políticamente, el Liberalismo moderno combina las ideas de libertad civil e igualdad con el apoyo a la justicia social y a una economía mixta de mercado. En general creen en la democracia, pero crecientemente apoyan el Globalismo socialista. Rawls, Locke, Montesquieu.

Actualmente Australia, Canadá, Suecia, y Nueva Zelanda son ejemplos de países liberales.

Libertarios: su política de "dejar hacer" respalda la mínima intervención del estado en las vidas de sus ciudadanos. Aboga por la minimización del estado para el beneficio de la cooperación entre individuos libres. Creen en la democracia, pero en la actualidad están siendo seducidos por el Globalismo socialista. Nozick.

Actualmente el Reino Unido, Portugal, los Estados Unidos, y Uruguay son ejemplos de países Libertarios.

Libre Mercado: es donde el intercambio voluntario y las leyes de oferta y demanda proveen la única base del sistema económico, sin (o muy poca) intervención gubernamental. Una característica clave del Libre Mercado es la ausencia de transacciones coaccionadas, forzadas, o condicionadas. Creen en la democracia, aunque Hong Kong, desde su transferencia del gobierno británico a China en 1997, ha experimentado una creciente presión contra su autonomía política. Adam Smith.

Actualmente Hong Kong y Singapur son ejemplos de países de Libre Mercado.

Análisis de las Filosofías Políticas

La manera más simple de determinar qué filosofía política funciona mejor en un país es analizando las mejoras en la riqueza de la población, la protección de sus libertades, y el deseo de otra gente a emigrar a ese país.

La riqueza de un país puede ser medida por el Índice de Precios al Consumidor (IPC), el per cápita Producto Bruto Interno (PBI), y el porcentaje de Desempleo.

Inflación – el IPC es la variación de los precios pagados por los consumidores típicos de bienes adquiridos al por menor y otros servicios básicos (referidos como la canasta de productos). Básicamente mide la inflación del país para los consumidores con respecto a un año de referencia cuando el IPC es 100. A mayor inflación, menor será el poder adquisitivo de la moneda del país. En otras palabras, a mayor inflación, las cosas se tornan cada vez más difíciles de adquirir.

La canasta de productos incluye alimentos y bebidas básicas, tales como cereal, leche, y café. También incluye el costo de alquiler, muebles de dormitorio, vestimenta, costo del transporte, costos médicos, recreo, juguetes, y los costos de admisión a museos. Los costos de educación y para la comunicación también están incluidos, así como otros tales como cigarrillos, cortes de pelo, y gastos funerarios. En los Estados Unidos, la canasta de productos considera las compras típicas de consumidores urbanos.

El Fondo Monetario Internacional (FMI) asume la responsabilidad de recolectar y reportar los datos de IPC para una gran cantidad de los países del mundo. De la Figura, está claro que no todos los países participan. Muchos países importantes en Europa (Polonia, Ucrania, Grecia), en Asia (Irán, Irak, Vietnam), en África (Congo, Sudan, Nigeria), en Sudamérica (Argentina, Perú, Bolivia), y en Oceanía (Australia, Nueva Zelanda, Papúa Nueva Guinea) reportan sus condiciones económicas directamente al mundo.

Países (gris oscuro) que Reportan IPC a través del FMI

De los siguientes gráficos (adaptados de Trading Economics) que monitorean, entre otros índices, el IPC de los países que representan a las cinco filosofías políticas que hemos identificado, está claro que ambos extremos del espectro político (comunistas y de libre mercado) logran una baja inflación para sus poblaciones, mientras que los países liberales sufren de una inflación más elevada. Estos bajos índices de inflación se logran por diferentes razones. Los países comunistas, y en cierta medida los países socialistas, lo logran al subsidiar productos clave en la canasta utilizados para calcular el IPC, y así mantienen el IPC artificialmente más bajo de lo que realmente es. Los países bajo el libre mercado utilizan la ley de la oferta y demanda para mantener bajos los precios de los precios de todos los productos, incluidos los de la canasta. Lo logran al mantener bien abastecidos una gran variedad de productos similares, lo que, por competencia suscita que los precios se mantengan bajos mientras que provee a la sociedad de una gran variedad de productos alternativos.

La inflación de China y Vietnam es causada por las políticas monetarias expansionistas y el alza de los salarios. A medida que los costos de los productos se incrementan debido a las alzas de sueldos, las compañías se ven forzadas a subir sus precios. La inflación fue controlada por subsidios de productos clave en la canasta. Cuba no reportó.

La causa de la inflación en Singapur es debido al calentamiento de la economía y la política de inmigración a puertas abiertas que añadió cerca de un millón de personas a los 3.7 millones de ciudadanos. En Hong Kong la subida de los precios de las materias primas (causada por la inflación en los países exportadores) y/o la caída del valor de la moneda en los mercados de cambio, ambos incrementan los precios de los productos importados, afectando el IPC.

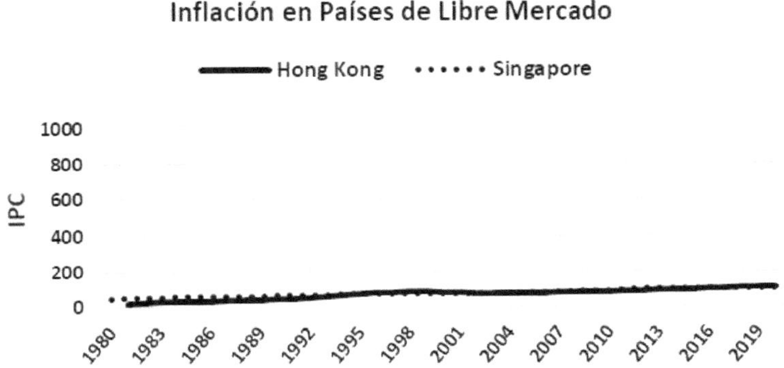

La necesidad de diversificar la economía de Argelia aparte de los hidrocarburos se hizo evidente cuando el precio del petróleo empezó a decaer desde 2014. Los constantes cambios del costo de vida en Bangladesh también causan los cambios de pobreza. En India, la gran demanda y baja producción o suministro de las diversas mercancías crean una brecha entre la demanda y la oferta, lo que crea un incremento en los precios. La inflación de Nicaragua está ligada a la demanda por parte de los Estados Unidos de sus productos agrícolas, así como de las remesas.

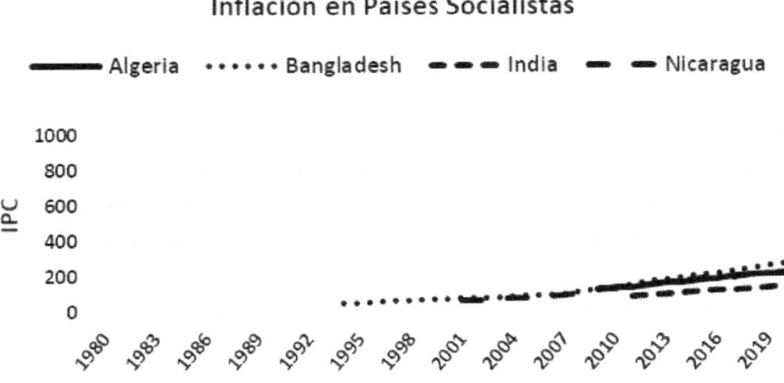

En Australia, la implementación del salario indexado (los salarios se incrementan paralelo al IPC) mantuvo a la inflación bajo control. En Canadá, el aumento de los impuestos y el aumento del crecimiento económico causó inflación y condujo a un incremento de la demanda y por ende de los precios. En Suecia, una débil actividad económica internacional combinada con bajos precios del petróleo mantuvieron bajo control los incrementos de la inflación. En Nueva Zelanda, el crecimiento rápido de la población, la escasez de viviendas, migración interna, inmigración, e inversores foráneos causaron mucha inflación.

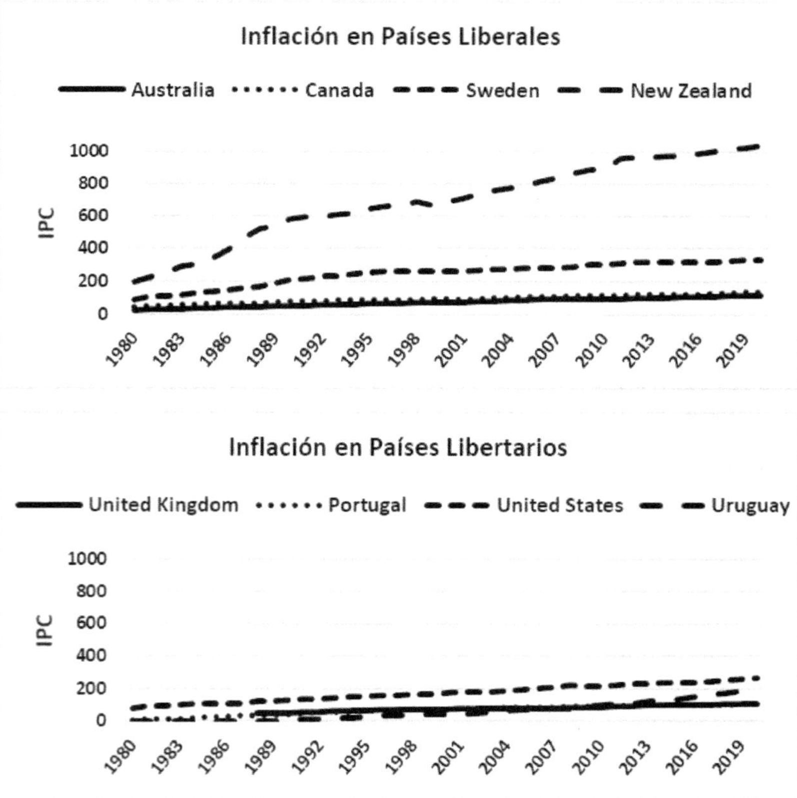

El Reino Unido fija la tasa de inflación con la formula IPC = 2 ±1% mientras que toma en cuenta el crecimiento económico. La variación de los precios del petróleo y de los lubricantes, así como de los alimentos, afectan la inflación en Portugal. En los Estados Unidos, la baja de los precios del petróleo y de la necesidad de importarlo mantuvo baja la inflación. En el Uruguay la inflación es causada por el impacto de las sequias y la depreciación del peso.

Riqueza – el Producto Bruto Interno (PBI) es el valor final de los bienes y servicios producidos en el país. Un mayor PBI per cápita indica que el país está produciendo y vendiendo más bienes, lo que quiere decir que hay más trabajos y mejores salarios.

De los gráficos que siguen (adaptados de Trading Economics) que rastrean el PBI de los países que representan las cinco filosofías políticas que venimos analizando, podemos observar diferencias interesantes que apuntan a cuál sistema funciona mejor para la gente que vive en estos países. Todos los países indican un incremento de su riqueza con el tiempo, lo que se traduce en más dinero en los bolsillos de la gente.

Sin embargo, existen muy grandes diferencias de este crecimiento de la riqueza entre los países comunistas y socialistas comparados con el resto de los sistemas políticos. El parámetro clave a observar son los números en el eje izquierdo de PBI per cápita. Vemos que para los países comunistas varía entre cerca de cero a $9,000 por persona mientras que para los países de libre mercado varía entre $10,000 a $60,000 por persona para el mismo periodo de tiempo (de 1980 a 2020). Está claro que la filosofía política del Libre Mercado es muy superior en términos de proveer y mejorar la condición material a una población.

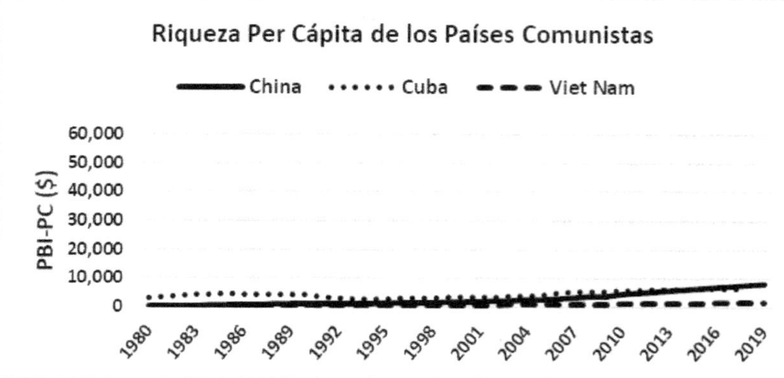

Las enormes inversiones capitales de China (financiadas por grandes ahorros internos e inversiones extranjeras) produjeron un rápido crecimiento en la productividad. Cuba sobreestima el valor de su peso al igualarlo artificialmente con el dólar, indicando una manipulación de los índices económicos. La creciente demanda doméstica en Vietnam, tal como su fuerte manufactura, industria procesadora, e inversiones extranjeras han causado crecimiento económico.

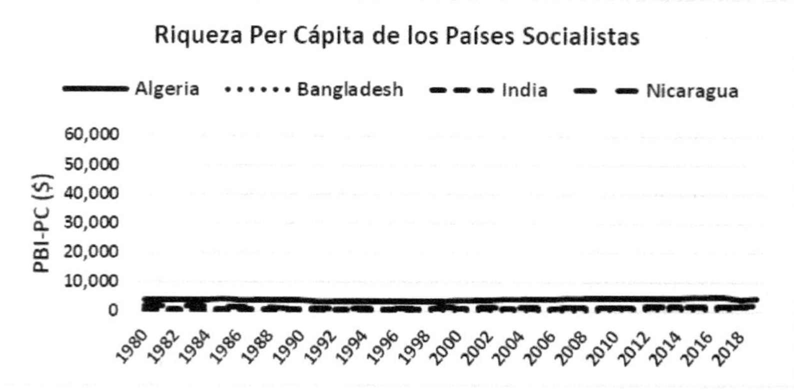

Argelia representa una de las principales economías del África, basada mayormente en exportaciones de petróleo, pero cuando su precio baja o se estanca, su economía siente los efectos. Un declive del crecimiento poblacional y cierta diversificación económica han mejorado la economía de Bangladesh. La mayoría del PBI en India es generada por el consumo interno (siendo el sexto mercado más grande del mundo), así como también los gastos públicos, las inversiones, y las exportaciones. La inestabilidad y los conflictos políticos en Nicaragua, la gran desigualdad entre las poblaciones rurales y urbanas, la dependencia de las exportaciones agrícolas, así como los desastres naturales mantienen el país en la pobreza.

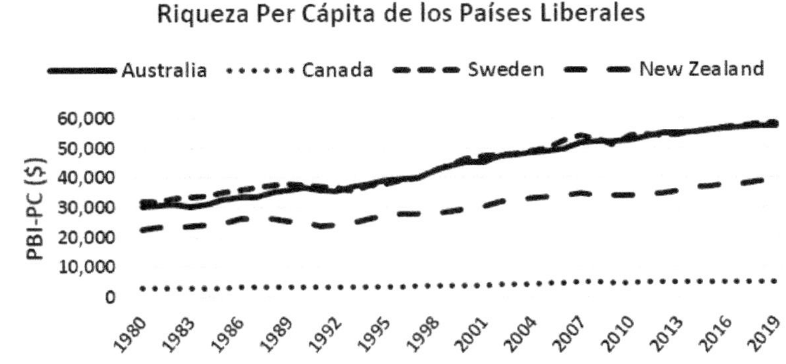

La minería, la agricultura, el gasto interno, y las exportaciones han contribuido al alto crecimiento económico de Australia. La diversificación económica en petróleo, manufactura, y turismo son claves para la riqueza de Canadá. Suecia es una economía de mercado altamente liberalizada bajo un capitalismo de alta tecnología. La agroindustria, especialmente la lechera, es importante para Nueva Zelanda, pero otros sectores como la silvicultura (para la producción de papel y otros), la horticultura, la pesca, y la manufactura forman una economía balanceada.

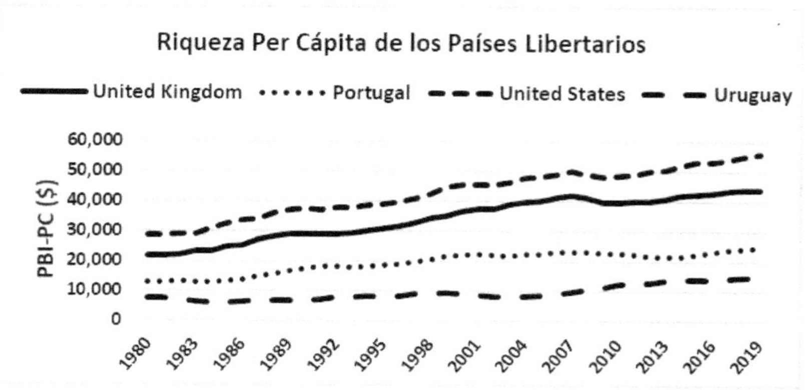

Los sectores que más contribuyen a la riqueza del Reino Unido son los servicios, la manufactura, la construcción, y el turismo. La economía de Portugal está dominada por los servicios y la manufactura, mientras que la contribución agrícola es relativamente menor pero creciente. La riqueza de los Estados Unidos reside en sus abundantes recursos naturales, una infraestructura bien desarrollada, una alta productividad surtida con una cultura avanzada de emprendimiento, un sistema financiero que lo apoya, abundante energía, inmigración, relativamente pequeño y descentralizado sistema de gobierno, y las mejores universidades. La carne, la soya, y la madera son las principales exportaciones del Uruguay y sus bien educados trabajadores proporcionan un futuro promisorio en manufactura y la industria de alta tecnología.

Los efectivos servicios financieros de Hong Kong, el turismo, el comercio y su logística, así como sus servicios profesionales y de producción son altamente competitivos debido a su baja tasa de impuestos. El desarrollo de Singapur es impulsado por su

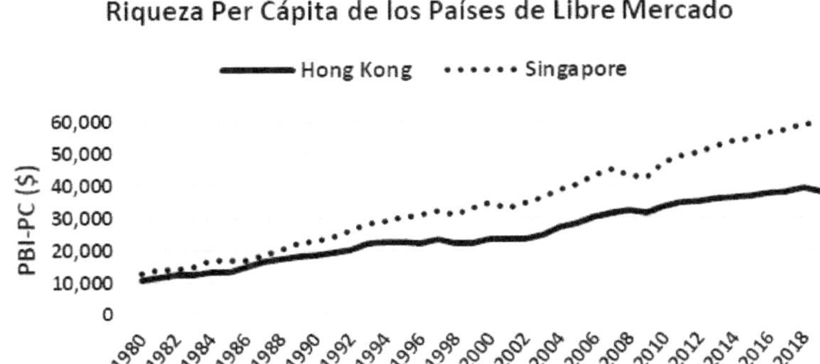

producción y exportación de electrónicos y maquinaria, así como de sus servicios financieros, turismo, y el puerto de carga más ocupado del mundo.

Desempleo – el porcentaje de desempleo de un país es la fracción de la fuerza laboral que no tiene un trabajo en esa nación. Una tasa menor de desempleo significa que un mayor número de gente tiene trabajo y por lo tanto una mejor vida. Nuevamente observamos que ambos extremos políticos aparentemente presentan las mejores opciones en términos de trabajo para sus poblaciones. Los comunistas y los de libre mercado mantienen una tasa de desempleo menor a los 5%. Los otros sistemas políticos

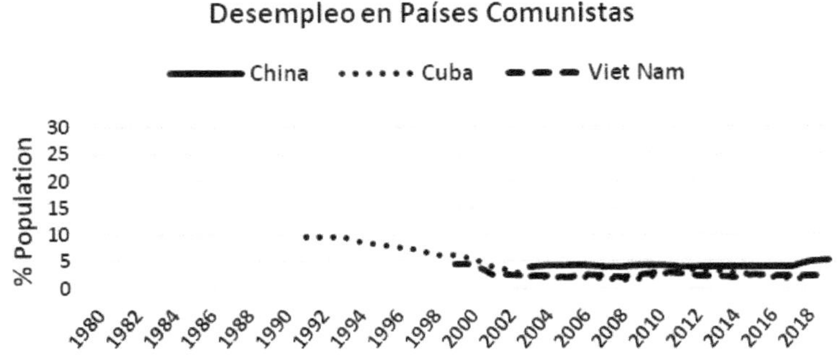

presentan mucha más variación en el desempleo, lo que indica que son sistemas menos sólidos en términos de estabilidad laboral. De los gráficos (adaptados de Trading Economics), observamos lo siguiente:

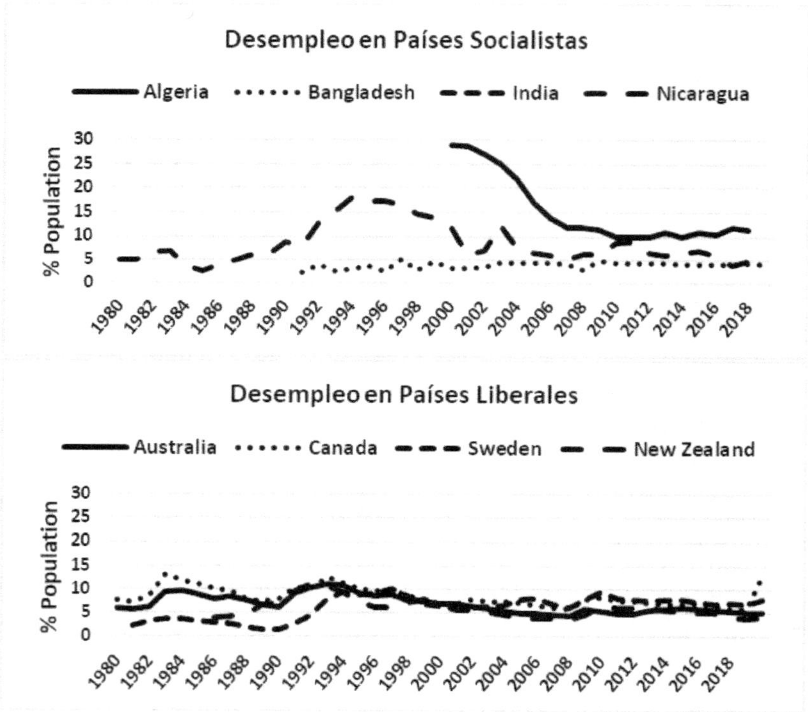

Los países comunistas controlan completamente la actividad económica de la nación, controlan los salarios, y no tienen que lidiar con asuntos como los sindicatos y la asistencia social, lo que hace fácil que todo el que pueda trabajar trabaje. Los países con una economía de libre mercado son por definición abiertos e irrestrictos. La fuerza laboral es dinámica y está sujeta a las leyes de la oferta y la demanda. Ya que el rol principal del gobierno es la creación de las condiciones más favorables para atraer trabajo, el desempleo se mantiene muy bajo.

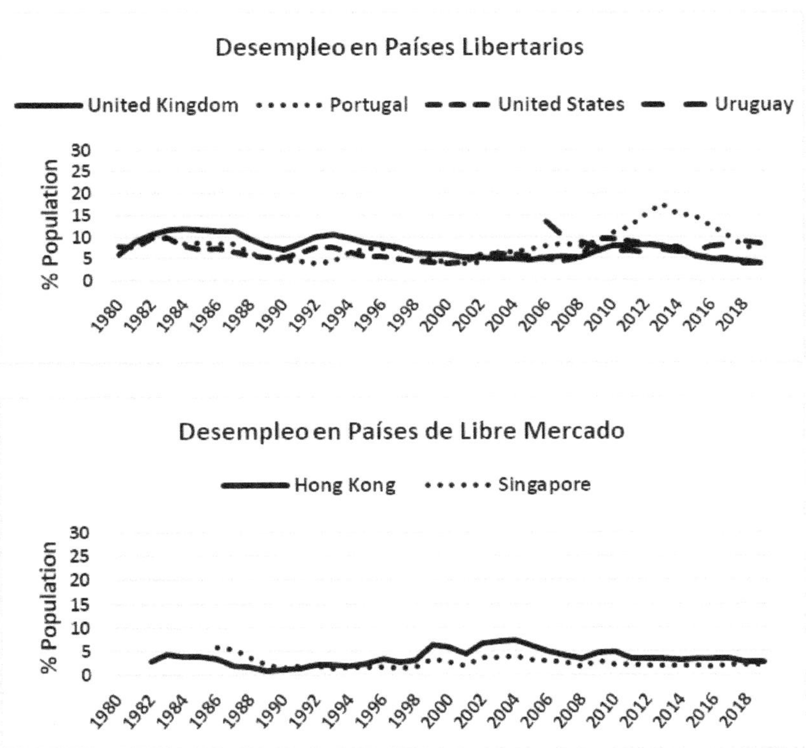

Libertades – las libertades de los ciudadanos pueden determinarse midiendo la libertad de expresión, la libertad de la prensa, la libertad de reunión, y la libertad de creencia religiosa. Estas libertades son adicionalmente aseguradas si están acompañadas por un conjunto de normas para un debido proceso legal. El Cato Institute presenta el concepto de Índice de Libertad Humana, "que determina el estado de la libertad humana en el mundo basado en medidas amplias que considera la libertad personal, civil, y económica. La Libertad Humana es un concepto social que reconoce la dignidad individual en ausencia de restricciones coercitivas." Luego de analizar los indicadores para cada país, crearon un mapa mundial que demuestra cuán libre es cada país (a más oscuro, más libertad):

El Índice de Libertad Humana presenta una medida amplia de libertad y utiliza 76 diferentes indicadores de libertades personales y económicas en los siguientes campos: reglamentos, leyes, seguridad, movilidad, religión, asociación, reunión, y sociedad civil, expresión e información, identidad y relaciones, tamaño del gobierno, sistema legal y derechos de la propiedad, acceso al dinero sano, libertad de comerciar internacionalmente, reglas de crédito, trabajo y negocios.

Tabulando las libertades personales con las libertades económicas para cada país que representan las cinco filosofías políticas que estamos dando seguimiento, obtenemos el siguiente gráfico (a más oscuro, más libertad):

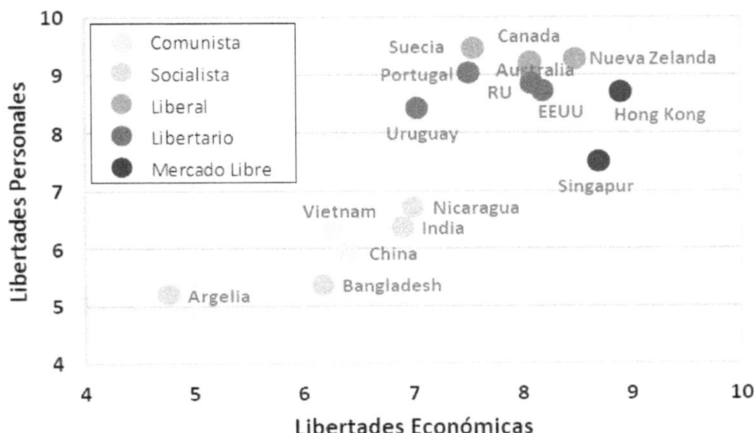

Está claro que existe una gran brecha entre los países comunistas (China y Vietnam, Cuba no reportó) y los países socialistas (Argelia, Bangladesh, India, Nicaragua) comparados con el resto de las filosofías políticas en términos de libertades. No nos sorprende que los países liberales (Australia, Canadá, Nueva Zelanda, Suecia) dan prioridad a las libertades personales comparadas con las libertades económicas, mientras que los países de libre mercado (Hong Kong, Singapur) priorizan lo opuesto. Los países libertarios (Portugal, Estados Unidos, Reino Unido, Uruguay) probablemente proporcionan un buen balance entre estos dos tipos de libertades.

Inmigración – la inmigración es una medida de cuán atractivo un país es comparado con los demás países. El mayor deseo de emigrar a cierto país implica que ese país es rico y su sistema de gobierno es efectivo en proveer más oportunidades para triunfar en la vida que obviamente el país de origen, pero también más oportunidades que los demás países del mundo.

El Migration Policy Institute proporciona datos con una exactitud de 100,000 migrantes. Tomando los datos para los países que representan las cinco filosofías políticas, podemos discernir cuáles países son más atractivos para los migrantes. No es una sorpresa que los Estados Unidos es 5 veces más atractivo que el país que le sigue entre los que estamos comparando, que resulta ser el Reino Unido. Otro hecho curioso es que Hong Kong, una pequeña (1,100 Km^2) Región Administrativa Especial de la República Popular China (9.5 millones Km^2), atrae casi tres veces más inmigrantes que China.

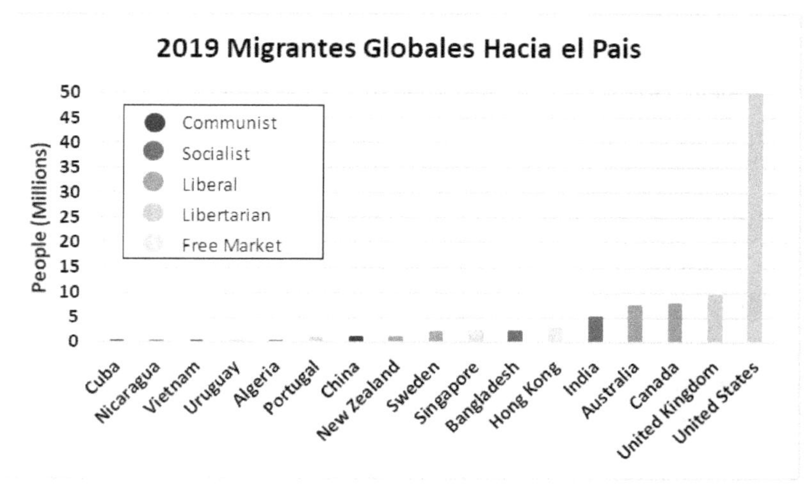

Análisis de lo Descubierto

Este análisis socioeconómico generalizado es suficiente para obtener claras conclusiones sobre cuál filosofía política es más efectiva para crear lo que la gente desea: trabajo, oportunidades de desarrollar metas y sueños, libertad de expresión, libertad de culto, leyes justas que apliquen a todos por igual, y un gobierno que garantice todas estas cosas a las futuras generaciones.

Los países comunistas y su versión "ligera" en el socialismo son gobernados por dictadores. Sólo creen en la democracia como método para obtener el poder. Cuando lo logran, no desean dimitirlo en elecciones limpias. Tratan de intervenir y quebrantar el sistema de votación para asegurarse en el poder. Se afanan para transformar los mecanismos de gobierno eliminando los balances de poder, eliminando expresiones disidentes, y eventualmente reemplazando a Dios con el estado.

Los países liberales, y en un grado menor, los países libertarios, han venido siendo seducidos por el opio del Socialismo. Están siendo tentados por quedarse en el poder no tanto por la ideología netamente socialista, sino por una más reciente filosofía política: el Globalismo. Los globalistas profesan que los problemas de la humanidad pueden resolverse aplicando un "Globalismo democrático." El Globalismo democrático es la idea que todas las personas importan, sin interesar dónde viven, y que la libertad universal y los derechos humanos pueden ser fomentados para toda la humanidad en lo que ellos llaman "ciudadanos del mundo." Esto es, creen en el Globalismo cívico y que pensando globalmente y actuando localmente, se puede efectuar un cambio positivo a través de todas las barreras. Los países, sus fronteras, y sus leyes no deberían existir ya más.

Por supuesto, el "Globalismo democrático" es una farsa. Es sólo un concepto para "sentirse bien" que es imposible de obtener por medios democráticos "normales". Va en contra de la tendencia natural humana de pertenecer a un grupo familiar. La Unión Soviética se fragmentó nuevamente a las repúblicas originales ni bien los comunistas perdieron el dominio de ellas en 1991 por una simple razón. Esta misma razón empuja a los catalanes a querer separarse de España y así sucesivamente. El Globalismo es un pretexto para tomar el poder sin dar planes de gobierno realistas que resuelvan los problemas que nos aquejan. La lógica indica que si un sistema no puede resolver los problemas de un territorio pequeño (un país), definitivamente no podrá resolver los problemas del planeta.

La izquierda ha descubierto que puede hacer progresos políticos con una "agenda de crisis". En el pasado utilizaron asuntos evidentes, como mejoras en la fuerza laboral, contaminación del medio ambiente, o la dependencia del petróleo foráneo, como plataformas políticas para promover su agenda de promoción de un aparato de gobierno sobre inflado. Estas crisis han sido resueltas mayormente por la ingenuidad humana y la tecnología. La izquierda entonces se percató de que tenía que fomentar crisis virtualmente imposibles de solucionar para perpetuarse en el poder. Cosas como el racismo, la injusticia social, la sexualidad, o el cambio climático son estas nuevas crisis. Pretenden que, al transferir los problemas a un nivel global en combinación con las crisis imposibles de solucionar, convencerán a los incautos votantes a que los elijan.

La izquierda no dice (y la prensa convencional no reporta) que actualmente son sus políticas las que perpetúan el racismo de la peor manera. Como ejemplo, Hillary Clinton dijo en una entrevista: "Admiro a Margaret Sanger enormemente, su coraje, su tenacidad, su visión…" Sanger creó lo que eventualmente sería el Planned Parenthood Federation of America. Este es el mismo grupo que dirige los abortos mayormente en los barrios negros y de otras minorías de los Estados Unidos. Esto es lo que Sanger dijo sobre su "Proyecto Negro" cuando habló a un grupo del Ku Klux Klan: "La supresión gradual, la eliminación, y la eventual extinción de los seres defectuosos, esas malas hierbas humanas que amenazan el florecimiento de las flores finas de la civilización Americana". Esto clama la siguiente pregunta: ¿Cuál lado es el racista? ¿El que quiere dar la misma oportunidad de prosperar a todos por igual en la sociedad o el que constantemente nos recuerda de las diferencias raciales entre nosotros?

El calentamiento global, que ahora lo llaman "cambio climático" culpa el incremento de la temperatura de nuestra atmósfera al incremento del dióxido de carbono producto de la actividad humana. El problema con esta narrativa es que el promedio de la temperatura atmosférica es muy variable y no sigue la tendencia sugerida por los defensores del cambio climático, como lo demuestra la figura.

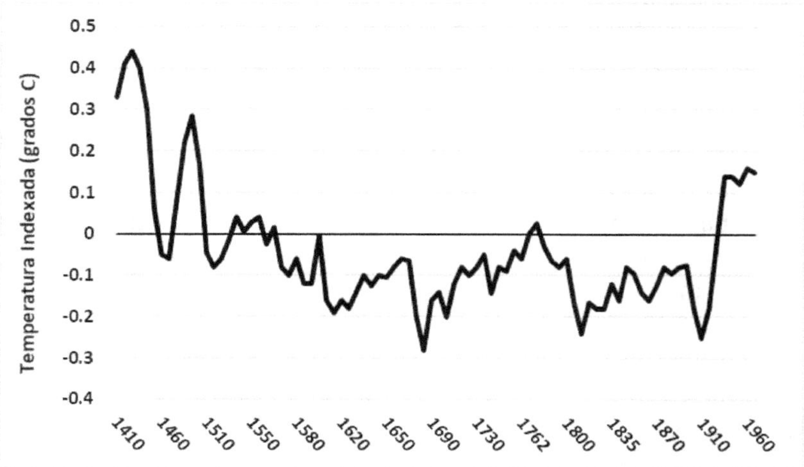

**Variaciones de la Temperatura en el Hemisferio Norte
Demostrando que las Variaciones Actuales son Normales
(Adaptado de McIntyre & McKitrick, 2003)**

La figura muestra que la temperatura atmosférica promedio de la Tierra varió entre +0.44°C en 1428 a -0.28°C en 1680, comparadas con la temperatura promedio del año 1770, usada como referencia. Las temperaturas pico difícilmente corresponden al periodo de la revolución industrial (que ocurrió entre 1760 y 1840), cuando las emisiones atmosféricas comenzaron. Las variaciones recientes de la temperatura se encuentran dentro del rango natural observado en nuestro pasado cuando no existían motores a combustión. El famoso gráfico "palo de hockey" que los ambientalistas utilizan para sugerir que el calentamiento global es causado por nuestra dependencia en el petróleo "es primariamente un artefacto de pobre manejo de los datos, datos obsoletos, y cálculos incorrectos de los componentes principales," según McIntyre & McKitrick. En otras palabras, los datos de las temperaturas fueron modificados para encajarlos con la narrativa del calentamiento global. Las variaciones atmosféricas lógicamente apuntan a la fuente de energía de nuestro planeta: el sol y su actividad solar cíclica.

Los hechos son el mayor enemigo de los socialistas y globalistas, por lo que tienen como objetivo principal convencer a los jóvenes que han sido pre condicionados por sus maestros y profesores a creer ciegamente en estas cosas. Si la opción democrática no les obtiene el poder, adoptan la opción "revolucionaria", que es causar confusión, disturbios, protestas, y destrucción hasta lograr el poder.

Mientras tanto, los globalistas tienen el apoyo de las más grandes compañías transnacionales que han establecido sus instalaciones industriales en países en desarrollo, donde han entablado conexiones con líderes y gobiernos corruptos, pagan bajos sueldos, no se preocupan por las leyes laborales, y contaminan el medio ambiente con poco o ningún control. Por ejemplo, GE Appliances es un icónico fabricante de electrodomésticos norteamericano fundado en 1905. Desde el 2016 la compañía de Louisville, Kentucky, es mayoritariamente china por la multinacional Haier. La GM Company es otra icónica corporación norteamericana fundada en 1908 con sede en Detroit, Michigan, que fabrica vehículos. Desde 2011 la compañía es 50% china y ahora es SAIC-GM.

Los ricos y los muy ricos inversionistas en estas compañías transnacionales obviamente no quieren poner en peligro sus capitales. Como resultado, financian fuertemente las campañas de los candidatos que apoyan la agenda globalista. Algunos otros millonarios financian a los globalistas porque son perversos. Amasaron sus fortunas usando el sistema de Libre Mercado, pero ahora quieren ejercer su poder político para reemplazarlo con el Globalismo.

Un número creciente de gente se ha dado cuenta de esto y se opone a esta agenda perniciosa. A pesar que se han gastado miles de millones de dólares apoyando políticas y candidatos globalistas en los últimos 30 años, Brexit en el 2016 prevaleció, y Donald Trump ganó las elecciones de los Estados Unidos comenzando su gobierno en 2017. Veremos si estos movimientos prevalecerán.

Conclusión

El Comunismo y el Socialismo han sido ensayados por muchos países en el pasado siglo. Ningún país que lo ha adoptado ha mejorado las vidas de sus ciudadanos. Los únicos que se beneficiaron del control gubernamental de la gente fueron los fraudulentos gobernantes. Ellos y sus familias se enriquecieron mientras que los países fueron devastados, y los ciudadanos que se quejaron fueron encarcelados o asesinados. El Comunismo y el Socialismo en el pasado siglo han dejado un rastro de muertes *civiles* que suman más que las muertes de todas las guerras puestas juntas. Un estimado entre 100 a 150 millones de personas han sido asesinadas por el hambre sistemático, ejecuciones, campos laborales, y limpias étnicas. Este número de muertes *no* incluye los que perecieron durante conflictos armados.

No somos perfectos, por lo tanto, no existe sistema político que sea perfecto. Debido a que algo creado nunca podrá ser mejor que su creador, los sistemas políticos son en muchos aspectos defectuosos. Esto es especialmente cierto cuando hablamos de política, la que atrae lo peor de la humanidad porque no existen muchos líderes que puedan controlar adecuadamente el poder y la ambición. A pesar de esto, sólo el Capitalismo, a través de una clara y balanceada separación de poderes, puede sacar a la gente y a sus países de la pobreza. Como todo, hay buenos sistemas capitalistas y hay mejores.

Desafortunadamente, no existen economías de Libre Mercado puras en el mundo. Todos los mercados han sido de alguna manera manipulados por los políticos para su propio beneficio. Sin embargo, los economistas que miden el grado de libertad en los mercados han determinado que existe una relación positiva entre el Libre Mercado y el bienestar económico.

Caso Ejemplo: Existen muchos casos de países que demuestran los beneficios del Capitalismo. Un buen ejemplo es el Perú, mi país de origen, del que estoy familiarizado. Desde muy temprano en su historia republicana, el Perú podría ser definido como una democracia bajo un sistema de oligarquía/aristocracia. Esto se mantuvo hasta 1968 cuando se dio un golpe militar. El presidente elegido democráticamente fue sacado a la fuerza de Palacio de Gobierno y puesto en exilio. Esta no fue la primera vez que se daba un golpe de estado en el país. Sin embargo, fue el primer golpe militar comunista en su historia. El nuevo gobierno expropió las compañías y las consolidó en entidades manejadas por el gobierno, comenzando con la American International Petroleum Company.

Poco después, todo aquel que era propietario de tierras de cultivo fue amenazado con el siguiente dicho: "la tierra es para el que la trabaja." El gobierno luego expropió todas las haciendas. Poco después, a los jornaleros sin educación o habilidades, el gobierno les dijo que eran ahora en parte dueños de la empresa agroindustrial donde solían trabajar. Como "dueños" los trabajadores ya no querían "ensuciarse las manos" y comenzaron a flojear. La producción muy pronto se desplomó. De exportador de azúcar, arroz, etc., Perú pasó a importarlos. Un año el gobierno hasta tuvo que importar papas. ¡Imagínese! La tierra de donde la papa se originó y fue cultivada hasta por culturas milenarias preincas ahora debía ser importada. Y de china. Un desastre.

El país soportó esto durante 12 largos años. Claro que ya no hubo libertad de prensa, y durante este periodo hasta la iglesia (y los ciudadanos) teníamos cuidado de no criticar a los militares. Fácilmente arrestaban y encarcelaban a los que lo hacían sin cautela. La única manera de obtener justicia en el sistema legal de ese entonces era tener alguna conexión con los militares. Los militares tenían el poder absoluto. Ellos vivían la buena vida mientras que la gente soportaba los toques de queda, la escasez de alimentos, las restricciones de los usos vehiculares, etc.

Cuando los militares finalmente concedieron el poder en 1980, el presidente que fue depuesto salió elegido nuevamente. El país que heredó estaba completamente destruido. Tenía una enorme deuda externa y su producción estaba en lo mínimo, ya que la minería, la agricultura, y la manufactura seguía en manos de las cooperativas comunistas y demás. Encima, los comunistas ahora desplazados del poder estaban furiosos y deseaban retomarlo a como dé lugar.

En lo político, el partido comunista comenzó a tomar fuerza. En lo social, los comunistas comenzaron primero a enlistar estudiantes y luego a campesinos de pueblos andinos para enrolarlos en lo que llamaban "Sendero Luminoso" y así comenzar la destrucción de las instituciones de gobierno con ataques terroristas. Si los campesinos reusaban a unírseles, eran reunidos en la plaza del pueblo o en un descampado y los ejecutaban. Los terroristas se asociaron con los traficantes de cocaína para obtener armamento a cambio de ofrecerles protección y con ellas atacar instalaciones mineras y estaciones policiales para obtener explosivos y más armamento. Usaban los explosivos para abatir las torres eléctricas y así causar apagones en las ciudades y aprovechar el pánico para atacar las sedes de gobierno. Coches-bomba hechos con anfo (una mezcla de combustible y fertilizante) explotaban diariamente en varios puntos de las ciudades, matando e hiriendo a mucha gente. Las explosiones de los coche-bomba llegaron a ser nuestro reloj despertador, ya que indicaba el fin del toque de queda. Lima, la "Ciudad Jardín", comenzó a verse como una ciudad en guerra. Barricadas de concreto cerraban ciertas calles, muros de sacos de arena protegían lugares clave, la gente empezó a reforzar puertas y ventanas con barras de acero y hasta electrificaban los muros de sus casas.

A medida que las elecciones de 1990 se acercaban, era casi seguro que los comunistas iban a tomar el poder, esta vez por medios democráticos. No había un claro candidato que representara las facciones centristas o de derecha. Inesperadamente un candidato desconocido comenzó una campaña modesta, pero con la sorpresa de muchos, logró ser elegido presidente. Dos años más tarde disolvió el Congreso que le impedía promulgar la legislación necesaria para encarrilar al Perú en una "estrategia económica ortodoxa." Efectuó un autogolpe que transformó completamente el sistema político, deteniendo la contienda política y judicial que impedía que los terroristas fuesen detenidos, procesados y apresados. Vendió las entidades comunistas manejadas por el gobierno al sector privado y en 1993 logró capturar a los cabecillas de los dos grupos terroristas[2], junto con sus lugartenientes, juzgándolos sumariamente en cortes militares, y encarcelándolos. El 28 de Agosto de 2003, la Comisión de La Verdad y la Reconciliación reportó que 69,280 personas murieron por el terrorismo en el Perú desde 1980 al 2000.

---

2   El Movimiento Revolucionario Túpac Amaru (MRTA) fue una organización armada marxista-leninista peruana fundada en 1982. Inició su accionar en julio de 1984 y formó parte de la época del terrorismo en Perú junto con Sendero Luminoso.

El gráfico de Trading Economics nos muestra el cambio de la riqueza per cápita del Perú en los últimos 59 años. Podemos ver cómo el Comunismo hizo poco o nada para mejorar el PBI, que se mantuvo relativamente estático hasta 1987, cuando la economía se desplomó mientras el terrorismo hacía estragos. Luego vemos alguna mejora cuando el terrorismo fue derrotado y la economía fue transformada a un mercado más libre, pero aún sometida a la dictadura. La riqueza comenzó a incrementarse comenzando en 2002 como nunca antes había ocurrido cuando la democracia se estableció bajo un esquema más bien Libertario. La pobreza en el Perú bajó del 60% en el 2000 al 20% en 2018. Este ejemplo no lo puede explicar más claramente; ¡el Comunismo es contra productivo y el Capitalismo funciona! Sin embargo, la corrupción durante este periodo de crecimiento, que irónicamente fue liderado por presidentes de centroizquierda e izquierda, le robaron a la gente de una distribución justa de la riqueza obtenida.

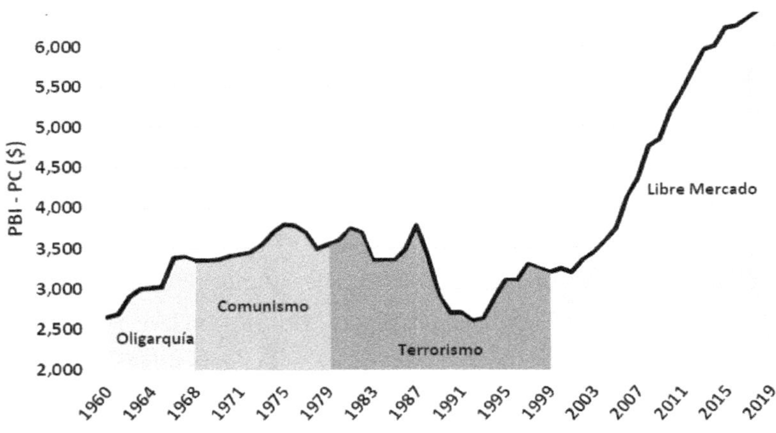

El Cambio de la Riqueza Per Cápita del Perú (1960-2019)

¿Por qué Estados Unidos es Excepcional?

Los Estados Unidos (EEUU) es un país único en el mundo por varias razones. Es el único país que tiene una filosofía detrás de su Constitución (una lista de principios) mientras que los demás países tienen constituciones prescriptivas (una lista de reglas).

La Constitución de los EEUU, firmada el 17 de Setiembre de 1787, coagula la esencia de la creación del país basado en principios inalienables o absolutos. Los fundadores reconocieron que estos principios provienen no del estado (como lo creen los demás países) sino de nuestro Creador. La base de nuestra Constitución y de la Declaración de Derechos van más allá de los Diez Mandamientos dados a Moisés por Dios. Son algo así como una traducción de la ley divina en términos de principios sociopolíticos con el fin de obtener un sistema de gobierno justo.

La Constitución y la Declaración de Derechos establecen los principios centrales del país o su razón de existir. Los detalles son completados por las Enmiendas, que actúan como columnas de apoyo que soportan la plataforma representada por los principios centrales. Las Enmiendas sólo se pueden agregar, nunca quitar. De otra manera los principios centrales se desplomarían. Pregúntate, ¿quienes tratan de socavar la Primera y la Segunda Enmienda? ¿Por qué tratan de destruir los principios centrales de este país?

Comentario

Fuera de los indicadores económicos, todos los cuales los lidera absolutamente EEUU entre los países Libertarios, los EEUU lidera principalmente en inmigración. La mayoría de la gente de todo el mundo prefiere venir a los EEUU comparado con los demás países. Cualquier país que estuviera en esta envidiable posición sería muy selectivo de quienes aceptaría como futuros residentes. Sin embargo, los políticos escogieron ponerse anteojeras y sucumbir a los grupos de intereses especiales en vez de pensar en el bienestar del país. Mientras que las granjas, las industrias, y las instalaciones comerciales tengan suficiente mano de obra barata, le prestan poca atención a la frontera porosa. Sin embargo, un número cada vez más creciente de ciudadanos empezaron a protestar porque los servicios públicos comenzaron a colapsar. Las escuelas públicas, por ejemplo, cambiaron la proporción de estudiantes a maestros, afectando el progreso de sus estudiantes, reduciendo la calidad de la educación. Esta situación motivó un incremento del presupuesto para la educación, pero gastar más dinero no necesariamente resulta en una mejora en la calidad de la educación. El mapa muestra cuánto gasta cada estado al año por estudiante comparado a su posición estatal en la educación nacional para los estados fronterizos. Ilustra el impacto que los menores indocumentados tienen en el sistema educacional.

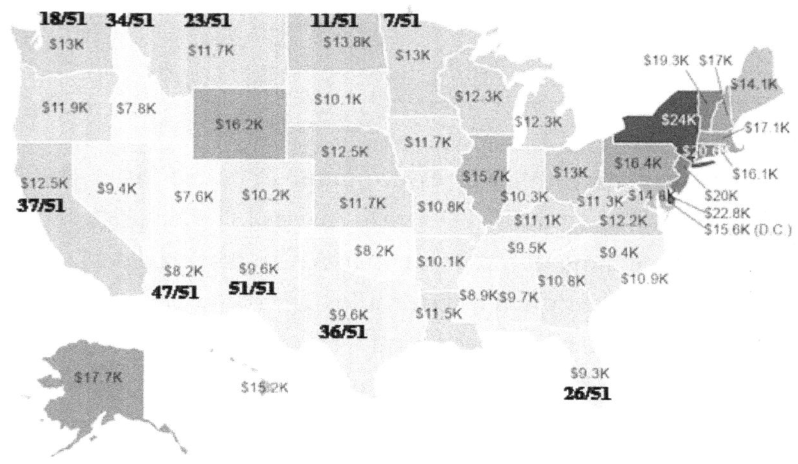

Gastos Estatales Anuales de las Escuelas Públicas por Estudiante y el Puesto Estatal a Nivel Nacional para los Estados Fronterizos (incluye Washington, DC)

Según la Federation for American Immigration Reform, ya en el 2010, los costos de los inmigrantes indocumentados al país fueron de $28.8 mil millones y la recolección de los impuestos fueron 9.5 mil millones, lo que daba un déficit de $19.3 mil millones. Nueve años más tarde, la misma organización determinó que el déficit había llegado a $115.9 mil millones para el año 2019! Esto es insostenible. Los estimados del número de inmigrantes indocumentados que viven en los EEUU varían entre 10.5 y 12 millones. Muchos piensan que esos números son subestimaciones y que el número real se acerca a los 20 millones y esta cifra está creciendo rápidamente.

Aparte de los inmigrantes indocumentados, hay cerca de 3 millones de inmigrantes legales que entran a los EEUU cada año. Estos vienen de todo el mundo. Asumimos que vienen para lograr una oportunidad de hacer realidad para sí el "Sueño Americano." Cualquiera creería que vienen a trabajar duro para mejorar sus vidas y las de sus familias y disfrutar de la vida en libertad mientras que buscan la felicidad.

Sin embargo, un número creciente de estos inmigrantes *legales* desarrollan un resentimiento. Algunos son maltratados por sus apariencias o sus acentos. Esto ocurre en todo el mundo con los nuevos migrantes. Mis abuelos lo soportaron cuando ellos llegaron a los EEUU de Rusia, mis padres lo sufrieron cuando ellos migraron a Sudamérica, y nosotros lo aguantamos cuando inmigramos a los EEUU. Esto seguramente también ocurrió a los inmigrantes que llegaron al país en centurias previas. Italianos, irlandeses, polacos, rusos, y alemanes fueron discriminados cuando llegaron. Luego fueron los judíos, puertorriqueños, mejicanos, etc. No se quejaron ni lloriquearon por su predicamento. Siguieron hacia adelante y mantuvieron su curso. Se esforzaron por integrarse, lo que eventualmente lograron.

Lo que es inconcebible es el inmigrante legal que quiere cambiar el sistema Americano y quiere implementar en los EEUU las políticas fallidas de sus países de origen. ¿Por qué venir a "la tierra de la libertad" si prefieren vivir bajo una filosofía política diferente? ¿No vinieron a los EEUU porque el sistema de donde provinieron era horrible? ¿Están realmente acá para perseguir el "Sueño Americano" o para tomar ventaja del sistema y arruinarlo para el resto de nosotros?

Realmente, lo que van a lograr, si tienen éxito, es arruinarlo para la nueva generación que viene. Sus propios hijos y nietos. Esto me confunde profundamente. Sacrifican todo para venir a

los EEUU, pero lo malogran para su descendencia. Esto no tiene
ningún sentido.

Hablando de Religión

Para hablar de Dios es más bien complicado porque hay que primero sacar del camino un gran tropiezo. Ese tropiezo es la religión. Una religión significa tener fe en un sistema creado por humanos. No hay manera de discutir religión sin herir susceptibilidades porque los sentimientos no pueden discutirse. No se puede argumentar por o contra de la manera que alguien siente por algo. Sólo se puede discutir hechos, ideas, y conceptos.

La religión es un medio creado por humanos para alcanzar a Dios. Las religiones supuestamente proveen una receta para complacer a Dios. Pero hay *muchas* religiones. Sin embargo, la lógica determina que existe *un* sólo Dios. La primera pregunta lógica sería, ¿cuál es la verdadera religión? El sentido común indica que hay una falla en tratar de responder a esa pregunta. ¿Por qué? Bueno, como mencionamos antes, si la religión es humanamente creada, discutirla sería como discutir sentimientos. Cada uno tiene una opinión basada en una mezcla de sentimientos, ideas, y tradiciones. No hay una verdad que se pueda discutir porque cada persona tiene su propia versión de la verdad.

Con esto no pretendo insinuar que la gente no pueda discutir sus versiones de la verdad. Pero esta discusión tendría que ser muy diplomática, con el entendimiento que la materia que se discute es un intercambio simple de ideas sin esperar un resultado fuera del proverbial "acordamos estar en desacuerdo." La mayoría de la gente no le gusta esta clase de discusión porque es frustrante y no conduce a nada.

Por lo general, a la gente le gusta que las discusiones lleguen a conclusiones. Se discuten ideas que se tratan de demostrar probando y convenciendo a otros que nuestros conceptos están en lo correcto. Esto les da ventaja a aquellos que se expresan muy bien verbalmente, no necesariamente a los que tienen las mejores ideas. Los que no las tienen o los que no pueden expresarse bien verbalmente usualmente se quedan al margen, fuera de la discusión, excepto por algunas interjecciones aquí y allá que son típicamente ignoradas. Esta es una de las razones por la que escribo este libro.

Si no podemos discutir sobre religión, entonces ¿qué? Bueno, entonces debemos considerar un análisis de las escrituras que tratan sobre Dios en vez de tratar de descifrar a Dios a través de la religión. Esto parece bastante complicado. Es tal vez por esta razón que nadie quiere discutirlo.

Para proseguir con el análisis, a mi parecer, existen dos paradigmas o conceptos que se necesitan resolver y absolver en nuestra mente. El primer paradigma es este:

Si crees que existe *un* sólo Dios, tienes que creer que existe *una* sola verdad.

Si crees que existe un Dios, entonces ese Dios tiene que explicarse de *una* sola manera. En otras palabras, existe una sola verdad sobre Dios. ¿Qué es la verdad, te preguntarás? Bueno, la verdad es la manifestación de la realidad desde la exclusiva perspectiva de Dios. No mi perspectiva, no la tuya, no la de nadie. Sólo la de Dios. Esto nos trae al segundo paradigma:

Si hay sólo *una* verdad, debe haber sólo *una* palabra de Dios.

Si Dios existe, tuvo que manifestarse a nosotros, su creación. Dios se tuvo que manifestar proporcionándonos un registro, una prueba de Su verdad. En otras palabras, Dios tenía que proveernos Su manifiesto de la realidad, lo que muchos llaman "la palabra de Dios" o Su relato. De otra manera, ¿cómo podría Dios hacerse conocer? Si Dios nos creó, se tendría que hacer conocer. Dios se hace evidente en nosotros de dos maneras: Su relato y el anhelo que todos tenemos en nuestro corazón de adorarlo. Su relato es su palabra. El anhelo es ese vacío que todos sentimos cuando no Le obedecemos. Es tan fuerte ese anhelo que los que dicen no creer en Dios lo reemplazan con la creencia en algún aspecto de Su creación. La creencia en algo superior es innato y necesario en los humanos.

No podemos continuar con la discusión sobre Dios a menos que hayamos aclarado estos dos paradigmas. Para algunas personas estas son cosas dadas, es sólo lógico. Pero para otras personas estos son tropiezos. Si te son tropiezos, toma tu tiempo, lee los paradigmas nuevamente y reflexiona sobre ellos hasta que tengan sentido para ti.

Entonces, está claro que pasamos de hablar de religión a hablar sobre *la* palabra de Dios. Definitivamente no son la misma cosa. Esto debe estar claro.

¿Qué se distingue como la palabra de Dios? Bueno, *la* palabra o relato debe cubrir porciones importantes de la historia espiritual humana y proveer explicaciones para hechos importantes tales como: ¿cómo fue todo creado? ¿Por qué pecamos? Ya que el pecado nos separa de Dios, ¿qué debemos de hacer para regresar a la buena gracia de Dios?

El relato explicativo debe ser lógico porque Dios es lógico. Debe incluir eventos sobrenaturales porque Dios es, por definición, sobrenatural. Pero el relato debe ser creíble. El relato debe también ser suficientemente simple para que todo el que sepa leer pueda entender el mensaje. Dios es Dios de todo el mundo. No hace distinción entre género, habilidad mental, posición social o económica. Dios quiere que toda su creación humana sepa *la* verdad. Su verdad.

Lo que sigue es la lógica detrás de la búsqueda o la indagación de la palabra de Dios:

Si Dios es perfecto, solo aceptará la perfección ante Sí mismo.

Si la humanidad es pecadora, es imperfecta e incapaz de presentarse ante Dios.

Ya que es imposible para un ser imperfecto de salvarse por su cuenta, la humanidad requiere de un salvador para ser aceptado por Dios. El pecado es innato de los humanos. Nadie aprende a ser pecador. Los niños mienten, son egoístas, son agresivos contra otros niños, etc., desde una edad temprana. Nadie les tuvo que enseñar a hacer estas cosas. Corregir ese "mal comportamiento" toma mucho esfuerzo, y si no se corrige en la niñez, los estragos en la adultez son casi irreversibles. Los padres se esfuerzan (o deberían de hacerlo) hasta que sus hijos lleguen a ser adultos para enseñarles a comportarse correctamente. Las religiones ofrecen una receta para tratar de vencer el pecado, pero sólo ofrecen placebos. La prueba está en que la gente religiosa no es mejor que los no religiosos en términos de cometer pecados.

Dios nos creó perfectos, pero el pecado original nos separó de Dios. Dios nos creó con libre albedrío para que podamos probarle que en realidad lo amamos. De otra manera seríamos como robots haciendo lo que fuimos programados. Esto no es lo que Dios desea. Desea que su creación humana pueda discernir entre el bien y el mal y, en nuestra actual condición pecadora, esforzarnos para agradarle. Si la bondad fuese fácil de hacer y conseguir, no tendría valor. Las cosas que requieren de trabajo nos dan la mayor satisfacción y les dan valor. Ahora, "ser buenos" o "hacer más el bien que el mal" no es suficiente para Dios, pero discutiremos esto más adelante.

Dios es omnisciente (todo lo sabe) y sabía que pecaríamos, pero aún así nos ama.

Si Dios nos ama, nos daría una salida a nuestro predicamento.

¿Qué relato o palabra de Dios nos indica cómo regresar en comunión y en Su buena gracia?

Ya concluimos que hay una sola Verdad, por lo tanto debería haber sólo *un* verdadero relato. Si esto es correcto, ¿por qué hay tantas religiones?

Las religiones resultan de la gente que necesita pertenecer a un grupo de personas con creencias afines. Las religiones son el intento humano de acercarse a Dios. Las religiones han evolucionado en base a ajustes en las tradiciones y los cambios en la cultura y la mentalidad humanas a través del tiempo. Sin embargo, el *verdadero* relato, por definición, tiene que permanecer un sólido, inalterable, e inquebrantable relato: *la* Palabra de Dios.

¿Acaso tu religión describe una manera para que seas salvo? ¿Qué te asegura que tu religión coincide con el *verdadero* relato con respecto a la salvación? ¿Arriesgarías tu vida eterna por no verificar tú personalmente lo que Su relato realmente dice?

¿Cómo puedes verificar si Su relato (la Palabra de Dios) es real?

Bueno, como ya lo mencionamos, el relato debe ser antiguo, pero creíble (los actores no podrían ser seres mitológicos). Claro que el relato estará lleno de eventos sobrenaturales porque Dios es sobrenatural. Este es el primer acto de fe de nuestra parte. Creer en Dios es difícil para algunos. Si la evidencia en la complejidad de diseño del microcosmo (lo que podemos observar a través del microscopio), el macrocosmo (lo que podemos observar a simple vista), y el astronómico (lo que podemos observar a través de un telescopio) es insuficiente para convencerte de la existencia de Dios, entonces realmente poco puedo decir para convencerte. Esto es algo que deberás contemplar y reflexionar por tu cuenta.

Toma un libro de biología básica y observa el increíble diseño de una célula. Todas sus partes tienen funciones específicas. Y al momento indicado todas estas partes orquestan en perfecta armonía sus divisiones y en segundos crean una segunda célula idéntica a la primera. Luego considera el grupo de células que forman un órgano. Tomemos el ojo, por ejemplo. ¡Existen tantas células especializadas trabajando al unísono para formar el ojo que es alucinante! Considera los ojos de los trilobites, extintos artrópodos arachnomorph marinos (parecido a un "chanchito" grande) que existió supuestamente en el Periodo Cámbrico (presuntamente hace 520 millones de años), que desapareció durante un "evento de extinción mayor" al final del Periodo Pérmico (presuntamente hace 250 millones de años). Tuvieron ojos compuestos similares a los ojos de los insectos y crustáceos. ¿Cómo puede un organismo supuestamente en las primeras etapas de evolución animal tener ojos tan complejos?

Toma un libro de astronomía. Mira las miles de constelaciones que existen en sólo una pequeña porción de la extensión del universo. Cada constelación, un universo en magnitud, está compuesta por millones de soles en ordenados espirales. Cada sol con conjuntos de planetas circundándolo. Todos los planetas estériles, demasiado calientes, muy fríos, o excesivamente tóxicos para mantener la vida excepto uno: la Tierra, que se ubica en un ramal secundario de uno de los brazos de la espiral que forma la Vía Láctea. Es un hecho que el universo se expande a una velocidad de 257,500 Km/hr, entonces ¿cómo puede ser que estas constelaciones aún se presenten como espirales perfectamente ordenados si son supuestamente 13.8 mil millones de años de edad?

¿Cuáles son las Posibles Escrituras de Dios?

De las miles de religiones, sólo cuatro escrituras *afirman* ser de Dios. Estos son; El Libro de Mormón, El Corán, Los Vedas, y La Biblia. Los resúmenes que siguen fueron tomados de extractos de Wikipedia (2021) para minimizar cualquier parcialidad personal. Léelos y luego pregúntate: ¿cuál es más creíble? ¿Cuál tiene más sentido? ¿En cuál depositaria mi fe?

El Libro de Mormón
Fundador: Joseph Smith
Ubicación: Condado de Wayne, Nueva York
Año: 1823
Conversos: 16.6 millones
Sistema de Creencia:

- Afirman que una apostasía "total" superó a la iglesia luego de los tiempos apostólicos y que la Iglesia Mormona (fundada en 1830) es la "iglesia restaurada".
- Afirman que el Dios Padre fue alguna vez un hombre y que luego él progresó a ser dios (un ser exaltado, inmortal, pero de carne y hueso).
- Creen que la Trinidad no consiste en tres personas en un Dios, sino más bien tres dioses distintos. Según el Mormonismo, existen potencialmente muchos miles de dioses además de estos tres.
- Creen que los humanos, como el Dios Padre, pueden seguir un proceso de exaltación y a convertirse en dioses.

- Creen que Cristo Jesús fue el primogénito hijo espiritual del Padre celestial y de una madre celestial. Jesús luego progresó a deidad en el mundo espiritual. Jesús luego fue concebido por María literalmente como "unigénito" Hijo del Padre en carne y hueso (aunque muchos Mormones de hoy en día dan vagas explicaciones de cómo esto ocurrió).

Resumen:

Según Joseph Smith, tenía diecisiete años de edad cuando un ángel de Dios llamado Moroni se le apareció y le dijo que una colección de escrituras antiguas estaba enterrada en una colina cercana en lo que hoy día es el Condado de Wayne, Nueva York, grabadas en placas de oro por antiguos profetas. Los escritos, decía, describían la gente que Dios había conducido de Jerusalén al Hemisferio Oeste 600 años antes del nacimiento de Jesús. Según la narrativa, Moroni era el último profeta entre esa gente y el que enterró las placas, las que Dios había prometido difundir en los últimos días. Smith afirmó que su visión ocurrió la noche del 21 de Setiembre de 1823, y que, al día siguiente, a través de una guía divina, localizó el lugar del entierro de las placas en la colina; fue ordenado por Moroni de encontrarse con él en la colina el 22 de Setiembre del año siguiente para recibir instrucciones adicionales; y que, a cuatro años de esa fecha, la hora llegaría para "sacarlos a la luz" (traducirlos). En la descripción de estos eventos, Smith cuenta que le fue permitido tomar y llevarse las placas el 22 de Setiembre de 1827, exactamente cuatro años de esa fecha, y fue ordenado a traducirlas al Inglés.

La primera descripción de las placas publicada por Smith indica que las placas "tenían la apariencia de oro." Martin Harris, uno de los escribas de Smith, las describió como "atadas juntamente como un libro por alambres." Smith describió la escritura grabada como "Egipcio reformado." Una porción del texto de las placas fue "sellado" según su versión, por consiguiente, ese contenido no fue incluido en el Libro de Mormón. Fuera de Smith, once personas afirman haber visto las placas doradas y, en algunos casos, haberlas manipulado. Sus testimonios escritos se conocen como el Testimonio de Tres Testigos y el Testimonio de Ocho Testigos. Estos testimonios han sido publicados en la mayoría de las ediciones del Libro de Mormón.

En 1829, el trabajo en el Libro de Mormón se reanudó con la asistencia de Oliver Cowdery, y se completó en poco tiempo (de Abril a Junio de 1829). Smith dijo que después de haber publicado el libro, devolvió las placas a Moroni. El Libro de Mormón salió a la venta en la librería de E.B. Grandin en Palmyra, Nueva York el 26 de Marzo de 1830.

Crítica: Desde su primera publicación y distribución, los críticos del Libro de Mormón afirmaron que fue una fabricación de Smith y que sacó material e ideas de varias fuentes en vez de traducir un registro antiguo. Las fuentes que fueron sugeridas incluyen la Biblia versión King James, Las Maravillas de la Naturaleza (por Josiah Priest, 1826), Vista de los Hebreos (Ethan Smith, 1823), y un manuscrito sin publicar escrito por Solomon Spalding.

La mayoría de los grupos de arqueología histórica y científica no consideran el contenido del Libro de Mormón un registro antiguo de eventos históricos actuales. Su escepticismo tiende a enfocarse en cuatro áreas principalmente:

1. La falta de correlación entre las ubicaciones descritas en el Libro de Mormón y los conocidos e intactos sitios arqueológicos en los EEUU.

2. Las referencias de animales, plantas, metales, y tecnologías en el Libro de Mormón que los estudios arqueológicos y científicos nunca encontraron evidencia alguna en la América del post-Pleistoceno precolombino, referido frecuentemente como anacronismos. Las cosas típicamente listadas incluyen ganado, caballos, burros, toros, ovejas, cerdos, carneros, elefantes, trigo, acero, bronce, fierro, cimitarras, y carruajes.

3. La falta de conexiones lingüísticas ampliamente aceptadas entre los idiomas Nativo-Americanos y los del Este cercano.

4. La falta de evidencia de ADN que enlacen cualquier grupo Nativo-Americano con los antiguos del Este cercano.

Respuesta: La mayoría de los adherentes del movimiento de los Santos de los Últimos Días consideran el Libro de Mormón generalmente como un relato históricamente exacto. Dentro del movimiento hay muchos grupos de apología que no están de acuerdo con los escépticos y buscan reconciliar las discrepancias de muchas maneras. Entre esos grupos, muchos trabajos han sido publicados por la Fundación para la Investigación Antigua y Estudios Mormones, así como la Fundación para la Información Apologética e Investigación, que defienden el Libro de Mormón como historia literal, contrarrestando argumentos críticos de la autenticidad histórica, o reconciliando evidencia histórica y científica con el texto. Uno de los argumentos comunes es el modelo de geografía limitada, que dice que la gente mencionada en el Libro de Mormón ocupó una región geográfica limitada de Mesoamérica, Sudamérica, o el área de los "Great Lakes" en el norte de los EEUU. Los Santos de los Últimos Días dicen que tienen material publicado que indica que la ciencia apoyará la autenticidad histórica del Libro de Mormón.

El Corán
Fundador: Mohamed
Ubicación: Meca, Arabia Saudita
Año: 632 DC
Conversos: 1.9 mil millones
Sistema de Creencia:

- Los Musulmanes adoran un Dios omnisciente, que en Árabe se conoce como Alá, al que viven en completa sumisión.
- Nada puede ocurrir sin el permiso de Alá, pero los humanos tienen libre albedrío.
- Creen que varios profetas fueron enviados para enseñar las leyes de Alá. Respetan algunos de los profetas de los Judíos y Cristianos, incluyendo a Abraham, Moisés, Noé, y Jesús. Los Musulmanes afirman que Mohamed es el último profeta.
- El Corán es el principal texto sagrado. El Hadith es otro libro importante. Los Musulmanes también veneran algunos materiales de la Biblia Judeocristiana.
- Creen que habrá un día de juicio final y la vida después de la muerte.
- Una idea central en el Islam es el "jihad", que quiere decir "lucha." Los Musulmanes creen que se refiere a los esfuerzos internos y externos para defender su fe.

- Cuando Mohamed murió, hubo un debate sobre quién debería reemplazarlo como líder. Esto causó una ruptura en el Islam y dos sectas emergieron: los Sunnís y los Chiitas. Los Sunnís conforman cerca de 90% de los Musulmanes en el mundo. Ellos aceptan que los cuatro primeros califas fueron los verdaderos sucesores de Mohamed. Los Chiitas creen que solo el califa Ali y sus descendientes son los reales sucesores de Mohamed.

Resumen:

La tradición islámica relata que Mohamed recibió su primera revelación en la Cueva de Hira durante uno de sus retiros de aislamiento en las montañas. Después de este acontecimiento recibió revelaciones a través de un período de 23 años. Según el Hadith y la historia musulmana, después de su emigración a Medina, Mohamed formó una comunidad independiente y ordenó a muchos de sus compañeros a que reciten el Corán y a que aprendan y enseñen diariamente las leyes que le fueron reveladas.

Ya que el Corán era inicialmente diseminado de forma verbal, eventualmente fue registrado de forma escrita en tabletas, huesos, y en hojas de palmera. La mayoría de los Suras se usaban entre los primeros Musulmanes, ya que se mencionaban en muchos dichos en fuentes de ambos Sunnis y Chiitas, indicando el uso del Corán por Mohamed como un llamado al Islam, a la plegaria, y a una manera de recitación. Sin embargo, el Corán no existió en forma de libro al tiempo de la muerte de Mohamed en 632 DC. Existe acuerdo entre los eruditos que Mohamed no escribió sus revelaciones.

El primer califa, Abu Bakr (m. 634) subsecuentemente decidió recolectar los escritos en un sólo volumen para preservarlos. Zayd ibn Thabit (m. 655) fue la primera persona en recolectar el Corán ya que "fue el que usualmente escribía la Divina Inspiración para el Apóstol de Alá." Entonces, un grupo de escribas, sobre todo Zayd, recolectaron los versos y produjeron un manuscrito escrito a mano del libro completo. El manuscrito, según Zayd, quedó en la custodia de Abu Bakr hasta su muerte.

Las reacciones y dificultades de Zayd mientras recolectaba los materiales coránicos de los pergaminos, hojas de palmera, tabletas de piedras planas (todos ellos llamados Suhuf), así como de hombres que se sabían las narrativas de memoria, han sido registrados en narrativas antiguas. Luego de la muerte de Abu Bakr, Hafsa bint Umar, la viuda de Mohamed, le fue confiado el manuscrito hasta que el tercer califa, Uthman ibn Affan le pidió hacer una copia.

En los años 650, Uthman ibn Affan (m. 656), comenzó a notar pequeñas diferencias en la pronunciación del Corán mientras el Islam se expandía fuera de la Península Arábica hacia Persia, el Levante, y el Norte de África. Para preservar la santidad del texto, ordenó se forme un comité encabezado por Zayd para usar la copia de Abu Bakr y preparar una copia estandarizada del Corán. Entonces, dentro de los 20 años de la muerte de Mohamed, el Corán tenía ya una forma escrita. Ese texto se convirtió en el modelo del cual copias fueron hechas y promulgadas a través de los centros urbanos del mundo Islámico. Las otras versiones se creen que fueron destruidas. La forma presente del texto del Corán es aceptada por los eruditos Musulmanes como versiones originales de Abu Bakr.

De acuerdo con el Shia, Ali ibn Abi Talib (m. 661) compiló una versión completa del Corán poco después de la muerte de Mohamed. El orden de este texto difiere del que fue compilado luego durante la era Uthman, ya que esa versión fue recolectada en orden cronológico. A pesar de esto, no tuvo objeciones contra el Corán estandarizado y en circulación. Otras copias personales del Corán tal vez existieron, incluyendo el códex de Ibn Mas'ud y de Ubay ibn Ka'b, que ya no existen.

Crítica: Los críticos de Mohamed lo acusan de ser una persona poseída, un adivino, o un mago ya que sus experiencias son similares a otros personajes conocidos en la Arabia antigua. Sobre el reclamo de origen divino, los críticos se refieren a fuentes preexistentes, no sólo tomados de la Biblia, que se suponían ser viejas revelaciones de Dios, pero también de fuentes heréticas, apócrifas y talmúdicas, tales como el Evangelio Siriaco de la Infancia y el Evangelio de James. Debido al rechazo de la crucifixión de Jesús en el Corán, algunos eruditos también sospechan la influencia Maniquea, una religión dualista que cree en dos fuerzas eternas teniendo influencia en el Corán.

Christopher Hitchens afirma que el Islam en conjunto, ambos el Hadith y el Corán, no son nada menos que un plagio pobremente estructurado, que usa documentos y tradiciones sagradas antiguas, dependiendo de lo que requería la situación. La abrogación (Naskh) es vista como un reconocimiento de las contradicciones en los versos del Corán.

Otros críticos señalan la negativa actitud moral afirmada por el Corán, tales como ordenando a los hombres a golpear a sus mujeres desobedientes, carnalidad en la vida celestial futura, y el mandamiento para la guerra. Los versos que supuestamente explican hechos científicos modernos sobre biología, evolución de la tierra, y de la vida humana contienen falacias y no son científicos. La mayoría de los reclamos de predicciones futuras se amparan en la ambigüedad de la lengua Árabe. A pesar de describir al Corán como un libro claro, el lenguaje Coránico carece de claridad.

Respuesta: Los Tafsir'ilmi creen que el Corán predice el conocimiento científico, por lo que su autor tendría que ser de origen sobrenatural.

Los Vedas

Fundador: Vyasa compiló los Vedas, quien arregló los cuatro tipos de mantras en cuatro Samhitas (colecciones)

Ubicación: Punjab, India

Año: 1500-1200 AC

Conversos: 1.2 mil millones

Sistema de Creencia:

- Persiguen el conocimiento y el entendimiento de la verdad, la verdadera esencia del universo, y la sola realidad. Según los Vedas, la verdad es una, pero los sabios la expresan en una variedad de maneras.
- Creen en Brahma como el único verdadero Dios, quien es sin forma, sin límite, todo inclusivo, y eterno. Brahma no es un concepto abstracto; es una entidad real que engloba todo (lo visto y lo no visto) en el universo.
- Los Vedas son escrituras Hindúes que contienen revelaciones recibidas por antiguos santos y sabios. Los Hindúes creen que los Vedas no tienen comienzo ni

fin. Cuando todo en el universo se destruya (al final del tiempo cíclico), los Vedas permanecerán.

- El Dharma ayuda a comprender la fe Hindú. Puede describirse como la buena conducta, la virtud, la ley moral, y el deber.

- Cree que el alma del individuo (Atman) no se crea o se destruye. Ha sido, es, y lo será. Las acciones del alma, mientras residan en un cuerpo, deben atenerse a las consecuencias de aquellas acciones en la próxima vida, esto es, la misma alma en un cuerpo diferente. El tipo de cuerpo que le toque dependerá del Karma (las acciones acumuladas en las vidas previas).

- Moksha es la liberación del alma del ciclo de muerte y renacimiento. Ocurre cuando el alma se une a Brahma cuando se percata de su naturaleza verdadera. Varios caminos pueden llevar a esta comprensión y unidad: el camino del deber, el camino del conocimiento, y el camino de la devoción o rendición incondicional a Dios.

Resumen:

Hay cuatro Vedas (lo que se escucha): el Rigveda, el Yajurveda, el Samaveda, y el Atharvaveda. Cada Veda tiene cuatro subdivisiones; las Samhitas (mantras y bendiciones), las Aranyakas (rituales, ceremonias, sacrificios, y sacrificios simbólicos), las Brahmanas (comentarios de rituales, ceremonias, y sacrificios), y las Upanishads (textos que discuten meditación, filosofía, y conocimiento espiritual). Algunos eruditos añaden una quinta categoría, las Upasanas (el culto).

Los Vedas fueron transmitidos oralmente desde el Siglo II AC con la ayuda de técnicas mnemónicas elaboradas. Los mantras, las partes más antiguas de los Vedas, se recitan hoy por su fonología envés de la semántica y se los consideran como "los ritmos primordiales de la creación" antes que las formas a que se refieren. Al recitarlos, el cosmos se regenera "al revivir y nutrir las formas de la creación desde sus bases."

Rigveda: El Rigveda Samhita es el más antiguo texto que existe. Es una colección de 1,028 himnos Sánscrito-Védicos y 10,600 versos organizados en diez libros. Los himnos son dedicados a las deidades Rigvédicas. Los libros fueron compuestos por poetas de diferentes grupos sacerdotales en un período entre 1500 y 1200 AC en la región del Punjab (Sapta Sindu) en el noreste del subcontinente Hindú. Según Michael Witzel, la codificación inicial ocurrió al final del período Rigveda, a comienzos del reino Kuru (alrededor de 1200 AC).

Samaveda: El Samaveda Samhita consiste en 1,549 estrofas tomadas casi completamente del Rigveda. Mientras que sus partes antiguas se creen que datan similar al Rigveda, las compilaciones existentes datan del período Mantra post Rigvédico, entre 1200 y 1000 AC y tal vez un poco más tarde, contemporáneo al Atharveda y el Yajurveda.

Yajurveda: El Yajurveda Samhita consiste en mantras en prosa. Es una compilación de fórmulas rituales de ofrenda que son dichas por los sacerdotes mientras el individuo hace actividades rituales. El texto básico del Yajurveda data dentro del clásico período Mantra del Sánscrito Védico al final del 2000 AC. Witzel data los himnos Yajurveda al período de la Edad de Hierro, después de 1200 y antes de 800 AC.

Atharvaveda: El Atharvaveda Samhita es el texto perteneciente a los poetas Atharvan y Angirasa. Consiste en 760 himnos, los cuales 160 tienen en común con el Rigveda. La mayoría de los versos son métricos, pero algunas secciones están en prosa. El Atharvaveda no era considerado como Veda en la era Védica, pero fue aceptado alrededor de 1000 AC. Se compiló al último, probablemente alrededor de 900 AC, aunque algo de su material data del tiempo del Rigveda o tal vez antes.

Crítica: el Hinduismo es una religión muy compleja. Es tan compleja como la mente humana. Es compleja porque la religión hindú es una de las más antiguas, se desarrolló sin mayores desafíos foráneos y, a través de su historia, adoptó muchos y diferentes aspectos en su religión. De hecho, el hinduismo representa muchas religiones en una. En este proceso, adoptó muchos disímiles y a veces opuestos pensamientos. El Advaita, por ejemplo, sugiere que el espíritu de Dios y el del ser humano no difieren y por lo tanto el que se adentra a las bases de su naturaleza humana también se dará cuenta de la identidad de Dios y por lo tanto lograría la salvación. El Dvaita, por otro lado, sostiene que el espíritu humano no es idéntico al de Dios, pero es dependiente a Él y por lo tanto la salvación depende del cultivo del amor a Dios y de su gracia. Entre estas opuestas escuelas de pensamiento existen muchas doctrinas, tales como la del Dios personal (Ishvara), los seres celestiales que presiden sobre las fuerzas de la naturaleza y actúan como intermediarios entre Dios y los humanos (Nyaya), y los gobernantes soberanos de las fuerzas de la naturaleza que gobiernan sin un ser supremo (Mimamsa). Algunas denominaciones hindúes, como el Vaishnavismo or Smartismo creen que cada cierto tiempo Dios viene a la Tierra como humano para ayudarnos en nuestra lucha hacia la iluminación y la salvación.

El hinduismo en general tiene filosofías con el enfoque principal en la superación personal con el objetivo primordial de lograr una experiencia espiritual más elevada. Esto se logra en el Hinduismo a través de los siguientes temas: obligaciones y tareas éticas (Dharma), renacimiento (Samsara), correcto accionar (Karma), y salvación (Moksha). Debido a que el Hinduismo es muchas religiones en una, la crítica sería diferente para cada una de estas corrientes de opinión, lo que resultaría tedioso. El caso medular es el concepto de superación personal. El Hinduismo cree que la salvación se obtiene por una combinación de factores predeterminados asociados con la purificación del alma por nacimientos múltiples y por la disciplina personal y la disposición asociada con el Karma y el Dharma. En otras palabras, hay una porción de nuestro ser y de nuestro destino del que no tenemos ningún control, pero hay otros aspectos de nuestra existencia que sí tenemos control y hasta la obligación de controlar. Esto es totalmente desconcertante.

La Biblia Judeo-Cristiana
La Biblia Hebrea o Antiguo Testamento
Fundador: Dios primero se reveló a un hombre llamado Abram
Ubicación: Harán, hoy en día Turquía
Año: 2075 AC
Conversos: 15 millones
Sistema de Creencia:

- Creen que existe sólo un Dios quien estableció una alianza con ellos.
- Creen que Dios se comunica con los creyentes a través de profetas y premia las buenas acciones mientras que castiga las malas.

- La mayoría (excepto algunos grupos) cree que su Mesías no ha venido, pero lo hará algún día.
- Los Judíos rinden culto en lugares sagrados conocidos como sinagogas, y a sus líderes espirituales se les llama rabinos.

Resumen:

El texto sagrado de los Judíos es el Tanakh o La Biblia Hebrea. Incluye los mismos libros que el Antiguo Testamento en la Biblia Cristiana, pero organizados en diferente orden. El Torá, los primeros cinco libros del Tanakh, reseña las leyes que los judíos deben cumplir. También es conocido como el Pentateuco. Los nombres de los libros del Torá se derivan de la primera palabra de cada libro y son los siguientes: Génesis (Beresheeth), Éxodo (Shemot), Levítico (Vayikra), Números (Bamidbar), y Deuteronomio (Davarim).

Los primeros once capítulos de Génesis dan cuenta de la creación (o puesto en orden) del mundo y el comienzo de la historia de la relación de Dios con la humanidad. Los demás 31 capítulos dan cuenta de la alianza con los patriarcas bíblicos Abraham, Isaac, Jacob (también llamado Israel), y los hijos de Jacob (los "Hijos de Israel"), especialmente José. Cuenta cómo Dios ordena a Abram (n. 2150 AC) que deje a su familia y hogar en Ur de Caldea, se establezca en la tierra de Canaán, y cómo los Hijos de Israel terminan en Egipto.

Los otros cuatro libros del Torá cuentan la historia de Moisés, que vivió 600 años después de los patriarcas (entre 1527 y 1407 AC). Lidera los Hijos de Israel fuera de la esclavitud en Egipto (1447 AC), a la renovación de su alianza con Dios en el bíblico Monte Sinaí, y su errante travesía en el desierto hasta que una nueva generación estuvo lista para conquistar Canaán. El Torá termina con la muerte de Moisés.

Los Diez Mandamientos en el Torá proporcionan la base de la ley religiosa Judía. La tradición judía también estableció 613 decretos (taryag mitzvot). Los demás libros del Tanakh incluyen: Nevi'im (Profetas), Ketuvim (Escritos), y otros libros.

Nevi'im: o "Profetas", es la segunda división mayor del Tanakh. Contiene dos subgrupos; los Profetas Antiguos (Nevi'im Rishonim, que incluyen de libros narrativos de Josué, Jueces, Samuel, y Reyes) y los Profetas Recientes (Nevi'im Aharonim, que incluyen los libros de Isaías, Jeremías, y Ezequiel, así como los 12 Profetas Menores). El Nevi'im cuenta del resurgimiento de la monarquía Hebrea y de su división en dos reinos; Israel y Judá. Se enfoca en los conflictos entre los israelitas y las otras naciones, y los conflictos entre los mismos israelitas, específicamente la lucha entre creyentes en el Dios Yahveh y los creyentes en dioses ajenos. Incluso la crítica por parte de los profetas, que jugaron un papel crucial y principal contra el comportamiento no ético e injusto de la élite israelita en el poder. Termina con la conquista del Reino de Israel por los Asirios (772 AC), seguido por la conquista del Reino de Judá por lo Babilonios y la destrucción del Templo en Jerusalén (586 AC).

Profetas Antiguos: son los libros de Josué, Jueces, Samuel, y Reyes. Contienen las narrativas que comienzan inmediatamente después de la muerte de Moisés con el divino nombramiento de Josué como su sucesor, el que lidera al pueblo de Israel en la Tierra Prometida (1355 AC), y termina con la liberación del último rey de Judá de la cárcel.

Profetas Recientes: están divididos en dos grupos; los profetas "mayores" (Isaías, Jeremías, Ezequiel, y Daniel), así como los 12 Profetas Menores puestos juntos en un sólo libro. Estos conforman 12 libros separados en las Biblias Cristianas del Antiguo Testamento: Oseas (Hoshea), Joel (Yoel), Amós (Amos), Abdías (Ovadyah), Jonás (Yonah), Miqueas (Mikhah), Nahum (Nahum), Habacuc (Havakuk), Sofonías (Tsefanya), Hageo (Khagay), Zacarías (Zekharyah), y Malaquías (Malakhi).

Ketuvim: o "Escritos", es la tercera y última sección del Tanakh. Los libros del Ketuvim se creen que fueron escritos bajo el Espíritu Santo (Ruach HaKodesh) pero en un nivel menor al de los profetas. En los manuscritos Masoréticos (y sus ediciones impresas), Salmos, Proverbios, y Job están escritos a dos columnas para enfatizar los puntos de sutura de los versos, que son función de su poesía. Colectivamente, estos tres libros son conocidos como Sifrei Emet (un acrónimo de los títulos en Hebreo que resulta en Emet que en Hebreo significa "verdad"). Los cinco libros relativamente cortos de Cantares, Rut, Lamentaciones, Eclesiastés, y Ester son en colectivo conocidos como Hamesh Megillot. Estos son los últimos libros que fueron incorporados y designados "autoritativo" en el canon Judío, aunque no fueron completados hasta el Siglo II AD.

Otros Libros: los libros restantes del Ketuvim son Daniel, Esdras, Nehemías, y Crónicas. Sus narrativas describen eventos relativamente tardíos (la cautividad Babilónica y la restauración de Sión). La tradición Talmúdica atribuye autoría tardía a todos. Dos de ellos (Daniel y Esdras) son los únicos libros del Tanakh con porciones significativas en Arameo.

Canonización: El Ketuvim es el último en ser aceptado en el canon bíblico de las tres porciones del Tanakh. Mientras que el Torá fue considerado en el canon por Israel allá por 500 AC y los Profetas Antiguos y Recientes fueron canonizados en los 200 AC, el Ketuvim no fue canonizado hasta los 200 AD. Sin embargo, la evidencia sugiere que los Israelitas estuvieron agregando información a la literatura sagrada poco después de la canonización de los profetas. Las referencias sugieren que ya por los 132 AC el Ketuvim ya se estaba formando, pero aún no tenía título. Referencias en los cuatro evangelios, así como otros libros del Nuevo Testamento, indican que muchos de esos textos eran conocidos comúnmente y contados como teniendo algún grado de autoridad religiosa a comienzos de los 100 AD.

Idiomas en los Originales: El Tanakh fue escrita mayormente en Hebreo bíblico, con pequeñas porciones (Esdras 4:8-6:18 y 7:12-26, Jeremías 10:11, Daniel 2:4-7:28) escritas en Arameo, una lengua hermana del Hebreo y que se convirtió en lengua franca para la mayoría del mundo Semítico.

La Septuaginta, es una traducción de las Escrituras Hebreas y otros textos al griego Koiné que se comenzó en los 300 AC y se completó hacia 132 AC inicialmente en Alejandría, pero con el tiempo se completó en otros lugares también. La Septuaginta es la base para su traducción al Latín Antiguo, Esclavonio, Siriaco, Antiguo Armenio, Antiguo Georgiano, y Cóptico en sus versiones Cristianas del Antiguo Testamento. Las iglesias Católicas Romanas y Ortodoxas Orientales usan mayormente los libros de la Septuaginta mientras que las Protestantes usualmente no lo hacen. Luego de la Reformación Protestante, muchas Biblias Protestantes comenzaron a seguir el canon judío y a excluir los textos adicionales, que vinieron a ser llamados apócrifos. La Apócrifa se incluyó bajo un título separado en la versión King James de la Biblia, que fue la base de la Versión Estándar Revisada.

El Nuevo Testamento

Fundador: Dios envió a Su hijo engendrado Jesús como el Mesías

Ubicación: Galilea y Jerusalén, hoy en día Israel

Año: 30-33 AD

Conversos: 2.4 mil millones

Sistema de Creencia:

- Creen que existe sólo un Dios, creador de los cielos y la tierra.
- Creen que Dios consiste en tres entidades: el Padre (Dios mismo), el Hijo Jesús, y el Espíritu Santo.
- Creen que Jesús cumple todas las profecías sobre el Mesías en el Antiguo Testamento.
- Creen que Jesús nació de una virgen, vivió una vida sin pecado, se sacrificó para el perdón de los pecados del mundo, y al tercer día resucitó de entre los muertos.
- Creen que luego de aparecer a sus discípulos por 40 días, Jesús ascendió al cielo para regresar al fin de los tiempos, como está profetizado.

Resumen:

El Nuevo Testamento es el nombre dado a la segunda y final porción de la Biblia Cristiana. Jesús es su figura central. El término "Nuevo Testamento" comenzó a usarse en el segundo siglo durante una controversia entre cristianos sobre si la Biblia Hebrea debería de estar incluida junto con las escrituras cristianas y considerada sagradas. El Nuevo Testamento presupone la inspiración divina del Antiguo Testamento.

El Nuevo Testamento es una colección de 27 libros de cuatro diferentes géneros de literatura cristiana (cuatro Evangelios, un reporte de los Hechos de los Apóstoles, 21 Epístolas, y Revelación o Apocalipsis). El consenso convencional es que el Nuevo Testamento fue escrito en una forma del griego Koiné, que era el lenguaje común del Mediterráneo Oriental desde la conquista de Alejandro el Magno (335-323 AC) hasta la evolución del griego Bizantino (600 AD).

Los autógrafos originales, esto es, los escritos y manuscritos originales en griego por los autores originales del Nuevo Testamento no sobrevivieron. Pero históricamente existen muchas copias de esos originales, que fueron transmitidos y preservados en numerosos manuscritos. Existen algunas variaciones menores, adiciones, u omisiones en algunos de los textos. Cuando los escribas antiguos copiaban libros, algunas veces escribían notas en los márgenes de la página (glosas marginales) para corregir su texto, especialmente si accidentalmente habían omitido una palabra o línea, y también para hacer comentarios sobre el texto que copiaban. Cuando otros escribas copiaban esa copia, muchas veces dudaban cuales notas eran parte del texto y cuales eran anotaciones. De allí las variaciones entre algunos manuscritos.

Desarrollo del Canon Cristiano: El canon del Antiguo Testamento entró en uso con los cristianos con la traducción al griego de la Septuaginta. Además, varios escritos fueron añadidos, los que se convertirían en el Nuevo Testamento. En el Siglo IV AD, una serie de sínodos (consejos convocado para decidir un asunto de doctrina, administración, o aplicación) decidieron el canon del Viejo Testamento y del Nuevo Testamento que se usa hoy, el más notable siendo el Sínodo de Hipo en 393 AD. Hay que notar que en 405 AD San Jerónimo tradujo la Biblia del griego y del hebreo al latín, llamada la Vulgata.

Inspiración Divina: La Segunda Epístola a Timoteo dice que "Toda la Escritura es inspirada por Dios, y útil para enseñar, para redargüir, para corregir, para instruir en justicia" (2 Tim 3:16). Varios puntos de vista relacionados pero distinguibles sobre divina inspiración incluyen:

- La Biblia como la palabra inspirada de Dios – la creencia que Dios, a través del Espíritu Santo, intervino e influenció las palabras, el mensaje, y la colación de la Biblia.
- El punto de vista que la Biblia es también infalible e incapaz de error en cosas de la fe y la práctica, pero no necesariamente en hechos históricos o de materia científica.
- El punto de vista que la Biblia representa la infalible palabra de Dios, sin error en ningún aspecto, hablada por Dios y escrita en perfección por humanos.

Dentro de estas amplias creencias, operan muchas escuelas de hermenéutica (la rama del conocimiento que se ocupa de la interpretación). "Los eruditos bíblicos afirman que las discusiones sobre la Biblia deben de ponerse en contexto con la historia de la iglesia y luego en contexto con la cultura contemporánea." Los Cristianos Fundamentalistas creen en la doctrina bíblica literal, donde la Biblia no es sólo infalible, pero el significado del texto es claro al lector promedio, esto es, no necesita un intermediario para entenderlo.

Critica: La arqueología bíblica es la arqueología relacionada con y que arroja luz sobre las Escrituras Hebreas y las Escrituras Griegas Cristianas. Se la usa para ayudar a determinar el modo de vida y las prácticas de las gentes que vivieron en tiempos bíblicos. Existe una amplia gama de interpretaciones en el campo de la arqueología bíblica. Una de las que presentan una amplia división es el maximalismo bíblico, que en general toma el punto de vista que la mayor parte del Antiguo Testamento (la Biblia Hebrea) está basada en la historia, aunque es a través del punto de vista religioso de su tiempo. Se le considera ser lo opuesto al minimalismo bíblico, que considera a la Biblia como una composición puramente post exilio (Siglo V AC). Aún entre los eruditos que se adhieren al minimalismo bíblico, la Biblia representa un documento histórico que contiene información de primera mano sobre las Eras Helénicas y Romanas, y que existe un consenso universal que los eventos del Siglo VI AC respecto al cautiverio babilónico tiene una base en la historia.

La historicidad de los eventos descritos en la Biblia en la antigua Israel y Judá de los Siglos X al VII AC, los eruditos aún lo disputan. Los acontecimientos bíblicos del Siglo VIII al VII AC son generalmente, pero no universalmente, aceptados como históricos, mientras que el veredicto sobre los períodos de la Unidad Monárquica (Siglo X AC) y la historicidad de David no está clara. Los relatos bíblicos de los eventos del Éxodo de Egipto en el Torá y la migración a la Tierra Prometida, así como el período de Jueces, los historiadores no los consideran históricos.

Respuesta: La arqueología no puede "probar" que la Biblia está en lo cierto. Pero ha proporcionado confirmaciones emocionantes y dramáticas sobre la exactitud de la Biblia. Aquí solo una pequeña muestra de los cientos de ejemplos:

- En 1947, unos pastores encontraron una cueva en un área escabrosa del lado oeste y árido del Mar Muerto. Lo que descubrieron dentro fue pronto proclamado el mayor descubrimiento arqueológico del Siglo XX. En los siguientes años, otras cuevas similarmente remotas en esa misma área fueron también descubiertas. Estas cuevas contenían más de 800 documentos fragmentados, la mayoría consistentes de escrituras Hebreas en cuero (con algunos en pergamino), incluyendo 190 fragmentos bíblicos. La mayoría de estos eran pequeños, que representaban no más de una décima parte de un libro; sin embargo, un pergamino completo de Isaías fue encontrado. Casi todos los libros del Antiguo Testamento estaban representados, así como otros escritos valorados por la comunidad que habitaba en las inmediaciones de esas cuevas. Aparentemente los pergaminos más antiguos datan de la mitad del Siglo III AC y la mayoría del Siglo I y II AC.
- Tal vez la más grande contribución de este hallazgo es nuestro entendimiento de la transmisión de los textos bíblicos. Es alentador notar que las diferencias son mínimas entre el Antiguo Testamento del Mar Muerto (escritos entre 300 y 100 AC) y las varias ediciones de los textos Hebreos producidos mil años después y que son utilizadas hoy. El significado de los textos no se ven afectados por estas diferencias.

- En 1868, un misionero en Jerusalén encontró un fragmento de una tableta de piedra que estaba a la venta y que parecía antigua. El vendedor había roto la tableta en varios pedazos para venderlos y poder así ganar más dinero. Afortunadamente, había hecho una copia de la tableta antes de fragmentarla (esta copia se encuentra hoy en el Louvre). La tableta contiene un texto escrito en Moabita que data del Siglo IX AC. Aparentemente era una piedra de victoria erigida por el Rey Mesha para conmemorar sus logros militares. El texto comienza con, "Yo soy Mesha, hijo de Chemosh, rey de Moab."

- Destacado en el texto es la versión del rey de una guerra luchada contra Israel en 850 AC, donde Moab se rebeló contra el Rey Jehoram del reino norteño de Israel poco después de la muerte de Ahab. De interés particular es que la Biblia describe ese mismo incidente en 2 Reyes 3. Las dos historias difieren en perspectiva. Mesha pone énfasis en sus victorias contra Israel al capturar poblados bajo control israelita. Por el contrario, la Biblia destaca los exitosos contraataques hacia los moabitas.

- Anteriormente los eruditos pensaban que Lucas (el autor del Evangelio del apóstol Lucas) estaba completamente errado con los eventos sobre el nacimiento de Jesús (Luc 2:1-3). Los críticos argüían que no había un censo, que Quirino no era gobernador de Siria, y que nunca nadie estaba obligado a retornar a su lugar de origen para esos eventos. Sin embargo, hallazgos arqueológicos muestran que los Romanos tenían inscripciones regulares para los contribuyentes y que también organizaban censos cada catorce años. Este procedimiento comenzó bajo Augusto. Además, se encontró que Quirino en efecto fue gobernador de Siria en año 7 AC y 6 AC (confirmado por los escritos del historiador judío Josephus). Un papiro encontrado en Egipto da instrucciones para que se haga un censo.

- En algunos casos, los escépticos critican el uso de algunas palabras por Lucas. Por ejemplo, Lucas se refiere a Filipos como un "distrito" de Macedonia (Hec 16:12) usando la palabra en griego "meris". Algunos argumentaban que con meris se refería a una "porción" y no a un distrito. Excavaciones arqueológicas han demostrado que esa misma palabra fue usada para describir las divisiones del distrito.

- En otro caso, Lucas utiliza el término "politarca" (traducido al español como "autoridades") para denotar las autoridades civiles de Tesalónica (Hec 17:6-8). Ya que politarca no existía en la literatura clásica, se asumía que Lucas estaba equivocado. Sin embargo, se han encontrado diecinueve inscripciones que utilizan ese título. Interesantemente, cinco de estas hacen referencia a la ciudad de Tesalónica. Una de estas inscripciones fue descubierta en un arco Romano en Tesalónica, y en esta se encuentran los nombres de seis politarcas de esa ciudad.

- En 1961, se encontró en Cesarea Marítima una inscripción en una columna de piedra dañada que confirma no sólo que Pilatos gobernaba en Judea, sino que tenía la preferencia por el título de "Prefecto". La inscripción en Latín (fechada entre 26 a 37 AD) dice:

TIBERIEUM
IUS PILATUS

ECTUS IUDA

Que traducido dice: "[A] Tiberio – [Ponc]io Pilato –
[Pref]ecto Judea.

Análisis de las Escrituras

Después de haber leído los extractos de las escrituras que afirman ser la palabra de Dios, vuelvo a hacer la pregunta original, ¿cuál satisface todos los requerimientos con respecto a…

- …ser antiguo? – cubriendo las importantes porciones de la historia espiritual humana, explicando ¿cómo fue todo creado?, ¿por qué pecamos?, ¿cómo podemos volver al favor de Dios (o cómo podemos ser perdonados)? – El Libro de Mormón definitivamente no es antiguo, ya que fue escrito en 1823. El Corán, a pesar de haber sido escrito en el Siglo IV AD, no puede ser considerado antiguo. Los Vedas y la Biblia, habiendo sido escritos comenzando en 1500 AC, se consideran textos antiguos.
- …ser creíble? – describiendo eventos sobrenaturales, pero no fantasías o involucrando seres mitológicos – El Libro de Mormón claramente cuenta una historia increíble y llena de fantasías. El Corán y la historia que la rodea incluye muchos eventos sobrenaturales, pero se mantiene en lo creíble. Los Vedas están llenos de mitologías. La Biblia está llena de eventos sobrenaturales, pero los personajes son gente real con defectos humanos y la historia también se mantiene en lo creíble.
- ¿Cuál de ellas tiene más sentido?
- ¿A cuál de ellas depositarías tu fe?

Para resumir, pongamos lo que hemos descubierto en una tabla por claridad (con mi opinión a las últimas dos preguntas):

Escritura	¿Antigua?	¿Creíble?	¿Tiene Sentido?	¿Depositas tu Fe?
Mormón	No	No	No	No
El Corán	No	Si	No	No
Los Vedas	Si	No	No	No
La Biblia	Si	Si	Si	Si

Este análisis objetivo, utilizando la lógica en ausencia de tradiciones y sentimentalidades, apunta a la única palabra de Dios. Esta escritura entonces debe contener las verdades fundamentales sobre nosotros y sobre Dios y sus planes para la humanidad. Otro factor que apunta a la Biblia como *la* palabra de Dios es el hecho que Jesús es el único Mesías que afirma ser Dios. Este es un hecho que no puede ser pasado por alto. Es más, es esencial para la discusión. Si tuviéramos dos o más figuras históricas que afirmasen ser Dios, entonces tendríamos que expandir el análisis para discernir quién realmente es el Mesías. Pero ya que sólo tenemos uno que afirma ser Dios, y viene de la escritura que determinamos ser la que cumple con todos los prerrequisitos necesarios para depositar nuestra fe, entonces la Biblia es *la* verdadera palabra de Dios y Jesús *es* el Mesías.

Lo que Dice la Biblia

Las primeras palabras de la Biblia son: "En el principio creó Dios los cielos y la tierra." (Gen 1:1). Si crees que esta primera frase es verdadera, no tendrías ningún problema en creer el resto de la historia. La historia cubre las partes más relevantes de la historia de la humanidad, pero no es una descripción de la historia humana. Sólo cubre lo que es relevante al mensaje que Dios tiene para nosotros, el que puede resumirse así: 'Yo te creé, te di una regla simple, tú la desobedeciste, y ya que toda desobediencia tiene una consecuencia, la consecuencia es que ahora tienes que lidiar con el pecado, el pecado siempre produce la muerte física, pero te amo tanto que te voy a proveer una salida para que obtengas la vida eterna bajo Mi consuelo, como fue Mi plan original; sólo si crees en lo que te digo y en Mi promesa. Sé que eres incrédulo, por lo tanto, incluiré en Mi palabra muchas predicciones de lo que ocurrirá en el futuro de manera que tu reconozcas que YO SOY (Yahweh) quien digo ser.'

Los primeros cinco libros del Antiguo Testamento fueron compilados por Moisés, quien lideró a los Judíos fuera de la esclavitud en Egipto. El trayecto está bien documentado y testificado por cerca de 2 millones de personas. Además, hay cerca de 100 referencias en los libros escritos después de este éxodo sobre los eventos milagrosos que ocurrieron en el recorrido, sin objeciones por parte de los que fueron testigos de estos hechos. Excavaciones arqueológicas continúan encontrando los lugares mencionados en Éxodo y no pueden refutar los eventos sobrenaturales que acontecieron. Comienza con el libro de Génesis, que cuenta la historia de la creación, cómo Adán y Eva desobedecieron la única restricción que Dios les dio en el Paraíso; no comer los frutos del Árbol de la Ciencia del Bien y del Mal. Su desobediencia estableció la naturaleza pecaminosa en todos los humanos que descendieron de ellos. Cuenta la historia de Noé y el diluvio, las vidas de Abraham, Isaac, Jacobo, y José, y cómo una familia de creyentes en Dios se convirtió en una nación después de 430 años en Egipto.

Éxodo cuenta la historia del trayecto que los Judíos tomaron fuera de Egipto y en el desierto, y las meticulosas instrucciones de Dios para que construyan el Tabernáculo. Levítico describe las detalladas instrucciones de Dios para hacer las ofrendas y cómo organizarse mientras estaban acampados alrededor del Tabernáculo. Números describe la recepción de la Ley, los murmullos de la gente contra Moisés y su hermano Leví, y la pobre confianza en Dios por parte de la gente cuando estuvieron a las afueras de la Tierra Prometida. Deuteronomio resume los 40 años de andanzas en el desierto y la necesidad de observar la Ley antes de finalmente entrar a la Tierra Prometida.

Los siguientes siete libros describen la historia temprana de los Israelitas en el Oriente Medio (Josué, Jueces, Rut, Samuel I y II y Reyes I y II).

Los dos libros de Crónicas destacan los eventos importantes de cada rey de Israel y de Judá (el reino se dividió luego de la muerte de Salomón en diez tribus al norte formando el reino de Israel y dos tribus al sur formando el reino de Judá).

Los dieciséis libros de los Profetas proveen el estándar imposible de igualar por ningún otro relato religioso. La Biblia eleva los estándares al dar predicciones de eventos futuros. ¿Cómo sabemos quién decía la verdad? Hubieron cientos de auto proclamados profetas que aconsejaban a los reyes cuando las cosas se reducían a una elección o cuando se desviaban de la verdad. La razón por la que los profetas que encontramos en la Biblia están allí es porque probaron que su declaración "así ha dicho Jehová" era cierta. Esto es, sus profecías fueron probadas.

Cada profeta de Dios tenía profecías cercanas (dentro de unos meses o años de haberlas proclamado) y profecías lejanas (mucho después, proclamadas más allá de la vida del profeta). Si predecían profecías cercanas y estas ocurrían, la probabilidad era alta que todas las profecías que decían eran verdaderas y Dios realmente hablaba a través de ellos. Algunas profecías fueron cumplidas recientemente como la creación del estado de Israel el 14 de mayo de 1948 (Eze 36:24, 37:12, 37:21), y otras todavía están por cumplirse, como la batalla de Armagedón (Eze 39:11, Rev 16:16). Por ejemplo, el profeta Jeremías (25:11) alrededor de 600 AC profetizó que los judíos serían invadidos por los babilonios (evento que ocurrió cuando todavía vivía en 586 AC) y que sufrirían el exilio por 70 años porque habían desobedecido la Ley. Luego de este periodo, les sería permitido regresar a su tierra. Ciro el Grande de Persia decretó y financió la reconstrucción del Templo en 536 AC y los judíos comenzaron el largo y difícil proceso de retorno a su tierra.

Daniel (9:24-25), que vivió en Babilonia luego de su deportación alrededor de 586 AC, profetizó la fecha que el Santo de los santos (el Mesías) haría su entrada triunfal en Jerusalén, y que sería en 69 x 7 = 483 años lunares o 476 años calendarios después de la orden de reconstruir a Jerusalén, lo que se dio el 14 de Marzo de 445 AC por Artajerjes I de Persia. La diferencia entre estas fechas resulta en 6 de Abril del 32 AD, ¡la misma fecha en que Jesús entró a Jerusalén en un pollino! De hecho, el verso que sigue de Daniel (9:26) profetiza no sólo la muerte de Jesús, pero de la futura destrucción de Jerusalén y del Templo: "Y después de las sesenta y dos semanas se quitará la vida al Mesías, mas no por sí; y el pueblo de un príncipe que ha de venir destruirá la ciudad y el santuario…" Esto ocurrió en 70 AD bajo el emperador Romano Tito Flavio Vespasiano.

Malaquías (3:1) es autor en 460 AC del último libro del Antiguo Testamento y también termina con una profecía del largamente esperado Mesías, pero es sólo después de 489 años que Juan Bautista comienza a preparar el camino para la aparición de Jesús en la escena. Existen 333 profecías sobre Jesús en el Antiguo Testamento, pero sólo 109 de estas fueron cumplidas en Su primera venida. A pesar que existen referencias que el Mesías sufriría por nuestros pecados como un cordero de Dios puesto como sacrificio, también lo describe como conquistando y estableciendo un nuevo reino en Israel. Las profecías, tal vez a propósito para probar nuestra fe, no especifican que este proceso iba a ocurrir en dos eventos separados por mucho tiempo de por medio.

Entonces, basado en el análisis previo, para hablar de Dios requiere que te familiarices con la Biblia entera. Es un libro fascinante. No entiendo por qué la gente no tiene ningún problema en leer "la Guerra y la Paz" de Tolstoi, pero se encogen con la idea de leer la Biblia. Es una historia que describe por qué somos pecadores, cómo Dios escoge a una persona y le promete que las generaciones después de él serían muy numerosas, cómo una familia de doce hermanos se convierte en una nación en Egipto, cómo esa nación, luego de convertirse en esclavos por los Egipcios, fueron guiados y protegidos por Dios emigrando a la Tierra Prometida, cómo en el camino le son dados los Diez Mandamientos, cómo la Ley resulta ser el espejo que refleja el propio pecado de la gente, cómo las profecías especificaron un exilio temporal en el futuro y también la de la venida del Mesías que les salvaría de sus pecados, y culminando con el nacimiento de Jesús y los Evangelios de la Buenas Nuevas.

¿Por qué "buenas nuevas" te preguntarás? Bueno, antes de que Jesús apareciera en la historia, la humanidad estaba perdida. Todas las culturas e imperios del mundo eran idólatras, excepto los Judíos (a veces). La razón de que Dios tuvo para crear la nación de Israel era para utilizarlos como ejemplo a seguir, un haz de luz entre la existente tiniebla espiritual, para que el resto del mundo viera que Dios estaba a favor de un sistema de creencia monoteísta. Esto se demuestra al permitirles prosperar enormemente y de manera sobrenatural contra toda posibilidad a pesar de que estaban rodeados de enemigos fuertes y numerosos. Como siempre, Dios condiciona Su favor con obediencia.

A pesar de muchas advertencias que los profetas transmitían en nombre de Dios, los Judíos eventualmente se olvidaron de los Mandamientos y dejaron de adorar a Dios. Como resultado fueron invadidos y los sobrevivientes tomados cautivos por un período predicho, después del cual el Templo y la ciudad de Jerusalén fueron reconstruidos. Luego de también un período predicho, Jesús entra a Jerusalén, pero las autoridades religiosas no lo recibieron como Rey y Señor. Por el contrario, tramaron para matarle. La gente que si lo recibió como Rey y Señor cuando montaba el pollino bajando el camino del Monte de los Olivos hacia Jerusalén, mientras que gritaban "¡Hosana!" y estiraban ropas y ramas delante de Él, se volvió en Su contra unos días más tarde cuando le gritaban a Pilato "¡Crucifícale!". Esta falla de reconocer a Jesús como el Mesías causó que la ciudad y el Templo sean completamente destruidos y que los Judíos fuesen completamente exilados por 1,878 años.

Pero todo esto estaba en los planes de Dios porque el resultado de esta tragedia fue que, en los siguientes 280 años, la mayoría del mundo cambió de politeísta idólatras a monoteístas Cristianos. Aún hoy en el Siglo XXI, continuamos proclamando a Jesús como Señor, aunque inconscientemente, al escribir la fecha de cada día, ya que nuestro calendario especifica el día y el año de Su nacimiento. Cada vez que consultamos con un calendario o escribimos la fecha del día, recordamos cuántos años hace que nació Jesús.

Los Pactos de Dios con Su Gente

Dios estableció diferentes pactos con la humanidad a través del tiempo. La gente acostumbrada a cierto comportamiento cambia con dificultad, especialmente en cuestiones espirituales. Por lo tanto, el cambio tenía que lograrse paso a paso, razón por la progresión de los pactos de Dios con la gente. Cuando Dios primero habló a Abram, todas las gentes (incluyendo Abram) eran idólatras y politeístas. Dios convenció a Abram a que dejase su familia y su país nativo y a que fuese a una tierra que Él le iba mostrar y donde formaría una gran nación. Dios prometió a Abram que sería bendecido y sería la bendición de muchos. En efecto, Dios prometió a Abram (Gen 12:3) que "…serán benditas en ti todas las familias de la tierra". El pacto o convenio de Dios con Abram (que significa padre exaltado), a quien luego le cambió de nombre a Abraham (que significa padre de muchos), era la extensión de la tierra prometida (Gen 15:18) "…A tu descendencia daré esta tierra, desde el río (quebrada) de Egipto, hasta el río grande, el río Éufrates."

El segundo pacto fue con Moisés en el Monte Sinaí cuando Dios dio los Diez Mandamientos a los Israelitas, ya convertidos en nación. "Y en la cuarta generación volverán acá…" (Gen 15:16). Este pacto tenía un componente físico o social y un componente espiritual, ambos para la transformación de la gente. El componente social tenía que ver con la promulgación de la Ley. La ley crea límites en el comportamiento necesario para una sociedad ordenada y productiva. El componente espiritual tiene que ver con la ley actuando como un espejo donde la gente se daba cuenta que eran imperfectos, que eran pecadores. Sin la Ley, ¿cómo sabrías que eres culpable? La Ley define el pecado.

Dios había prometido un lugar específico, luego proveyó la Ley para que la sociedad pudiera funcionar, y que la gente se diera cuenta de cuán pecadores realmente eran. Luego, Dios proporcionó los medios para realizar la predicción de Jeremías (31:33) "…Daré mi ley en su mente, y la escribiré en su corazón; y yo seré a ellos por Dios, y ellos me serán por pueblo." En otras palabras, la gente ya no cumplirá con la ley sólo por temor a Dios, pero lo harán porque lo aman. Para cumplir esto, Dios manda a Su único hijo Jesús para hacer un nuevo pacto; sacrificarse Él mismo para pagar por todos los pecados a cambio de una confesión y una profesión de fe. Esto es lo que dijo Jesús según Mateo (26:26-28) en la Última Cena cuando estaba partiendo el pan: "…Tomad, comed, esto es mi cuerpo." Y luego mientras compartía la copa de vino con sus discípulos: "…Bebed de ella todos; porque esto es mi sangre del nuevo pacto que por muchos es derramada para remisión de los pecados."

Conclusión

Para discutir religión, es necesario cambiar la discusión a Dios y, por progresión natural, a los escritos de Dios. Sólo cuatro religiones afirman que su versión de *la* verdad viene de Dios. Un análisis lógico de estos escritos indica que solo la Biblia cumple todos los requisitos necesarios para considerarse *la* palabra de Dios.

Es más, Jesús cumple todos los requerimientos y las predicciones hechas en el Antiguo Testamento (la porción Hebrea de la Biblia) y es el único Mesías que *afirma* ser Dios.

Volviendo a que "ser bueno" o "hacer más el bien que el mal" no es suficiente en los ojos de Dios se explica con el hecho que Dios no mide el pecado. Todo pecado es horrible e inadmisible para Dios, y por lo tanto todos merecemos la muerte. Sin embargo, si aceptamos en nuestros corazones a Jesús como nuestro Señor y Salvador, Dios ya no ve nuestros pecados porque sólo ve el espíritu puro de Jesús que se interpone.

¿Acaso la Política y Dios Nunca Convergen?

En estos tiempos de inconsciente "separación de la iglesia del estado", esta pregunta es importante y crítica. Te preguntarás, ¿no es parte de nuestra Constitución Americana tener esta separación? Curiosamente, debo responder: no, nunca lo fue. Invito a la Constitución, algunos de sus autores, y la historia para que testifiquen en este argumento.

La Primera Enmienda de la Constitución de los EEUU dice: "El Congreso no hará leyes con respecto al establecimiento de religión; o prohibir el libre ejercicio del mismo; o acortando la libertad de expresión, o de la prensa, o el derecho de la gente a que se reúna pacíficamente, y hacer pedidos al Gobierno por compensación de agravios." Por 171 años de la existencia del país hubo poco debate sobre el significado de "El Congreso no hará leyes con respecto al establecimiento de religión."

Roger Williams, fundador del estado de Rhode Island, fue el primer oficial público que dio su opinión en 1644 sobre si una iglesia Cristiana auténtica podía existir sin "una pared o un cerco de separación" entre el "desierto del mundo" y "el jardín de la iglesia." Williams creía que cualquier intervención del gobierno en la iglesia la corrompería. Él estaba dando un argumento contrario al de hoy en día. Quería mantener a la política fuera de la iglesia, lo que estoy completamente de acuerdo.

Thomas Jefferson, en su carta a la Asociación Bautista de Danbury en 1802 dice: "Contemplo con soberana reverencia esa ley de toda la gente Americana que declara que su legislatura 'no hará leyes con respecto al establecimiento de religión', entonces construyendo un muro de separación entre la Iglesia y el Estado." Aunque no expresado explícitamente en la Primera Enmienda, la cláusula se interpreta *actualmente* como que la Constitución demanda la separación de la iglesia y el estado. Nada puede estar tan alejado de la verdad. Está claro lo que Thomas Jefferson quiere decir en su famosa carta; que la legislatura (el Congreso) nunca debería establecer una específica religión para el país con la venia del Estado. Que este muro de separación entre la Iglesia y el Estado significa la protección de sus ciudadanos contra un Estado *estableciendo* e *imponiendo* una religión en particular.

Por 171 años, la gente y los políticos de los EEUU lo comprendieron como lo había escrito Thomas Jefferson y no le tuvieron pleito alguno. A medida que la ciudadanía se tornó más diversa y la fe se dispersó con otras fes, o hasta se anuló, comenzaron los retos a las leyes y las prácticas existentes, y eventualmente la Corte Suprema fue llamada a determinar el significado de la cláusula de la Primera Enmienda. Lo que sigue es una lista de algunos casos que lidiaron con *la separación de la iglesia y el estado*. Las subsecuentes referencias a la "cláusula de establecimiento" se refiere a que "el Congreso no hará leyes con respecto al establecimiento de religión":

- En Everson v. Board of Education (1947), la Corte mantuvo que la cláusula de establecimiento es una de las libertades protegidas por la cláusula del debido proceso en la Enmienda Catorce, haciéndola aplicable a las *leyes estatales* y las *ordenanzas locales*. Desde que esa "caja de Pandora" fue abierta, comenzó el proceso legal de la "separación de la iglesia y el estado" como lo interpretan hoy.

- En Lemon v. Krutzman (1971), la Corte estableció una prueba tridente para las leyes que traten con la religión. Para que sea constitucional, un estatuto debe tener "un propósito legislativo secular", los efectos principales no deben promocionar o inhibir la religión, y no debe fomentar "un excesivo enredo del gobierno con la religión."

- En 1971 la Corte también consideró la constitucionalidad de un estatuto en Pensilvania que daba apoyo económico a escuelas privadas religiosas para los salarios de los profesores, textos, y materiales de instrucción usados para materias seculares; y un estatuto en Rhode Island que proporcionaba pagos de salarios suplementarios a profesores de escuelas primarias privadas religiosas.

- La Juez Sandra Day O'Connor propuso una prueba de endoso que pregunta si es que una actividad gubernamental asciende a una ratificación de la religión. En Lynch v. Donnelly (1984), O'Connor notó que la cláusula de establecimiento prohíbe al gobierno hacer adherencia a una religión relevante a su posición política en la comunidad. Su preocupación mayor era si la acción gubernamental daba el mensaje a los no adherentes de que estaban desconectados del proceso. La prueba de endoso es muchas veces usada en casos de exhibiciones religiosas.

- En County of Allegheny v. American Civil Liberties Union (1989), un grupo de jueces liderado por el Juez

Anthony M. Kennedy en su disentimiento desarrolló una prueba de coerción: el gobierno no viola la cláusula de establecimiento a menos que dé ayuda directa a una religión de manera que tienda a establecer una iglesia estatal o involucre a los ciudadanos en la religión en contra de su voluntad.

- Preguntas que involucran el uso apropiado de fondos gubernamentales son crecientemente sujetos a la prueba de neutralidad, que requiere que el gobierno trate a los grupos religiosos de la misma manera que lo hace con otros grupos. En una prueba del programa de vales escolares en Ohio, la Corte votó 5 - 4 en Zelman v. Simmons-Harris (2002) que el programa es parte del esfuerzo del estado de proveer oportunidades educacionales de manera general y neutral a los niños y no viola la cláusula de establecimiento. En su opinión representando a la mayoría, el Juez William H. Rehnquist escribió que "el programa es enteramente neutral con respecto a la religión."

- En McCreary County v. American Civil Liberties Union (2005), la Corte dictaminó que la exhibición de los Diez Mandamientos en dos juzgados de Kentucky era inconstitucional, pero rehusaron en un caso similar, Van Orden v. Perry (2005) de ordenar la remoción de un monumento antiguo de los Diez Mandamientos que se encuentra en el Capitolio del Estado de Texas.

La Declaración de Independencia y la Constitución de los EEUU son una rara tentativa de la humanidad de unir o conectar la vida física en sociedad (política) con la vida espiritual (Dios).

Debido a esto, Dios ha bendecido a este país con prosperidad sin igual comparado con cualquier otro país en el mundo, mientras sus instituciones y ciudadanos reconocieran y confiaran en Dios. Lo hicieron por 171 años. La interpretación legal de los últimos 74 años ha ido quitando, poco a poco, esta infusión teológica en la Constitución a través de leyes estatales y ordenanzas de gobiernos locales que la están socavando. Como resultado, la maldad está comenzando a mostrar su horrible cara en la sociedad.

¿Qué Dice la Biblia Sobre Estos Tiempos?

Hace unos 3,000 años, Israel estaba gobernado por Jueces. Pero los Israelitas de esos tiempos tenían poca fe. La mayoría fueron seducidos por las costumbres barbáricas y la idolatría de los reinos en derredor, los que los oprimían. Cuando las cosas empeoraban, rogaban a Dios para que los rescaten, y Dios les mandaba un "juez" o líder para que los liberen de sus enemigos. Después de un período, el ciclo se repetía. Los Israelitas no aprendían que cuando se olvidaban de Dios y de sus Mandamientos, sus enemigos comenzaban a oprimirlos nuevamente. Esta situación puede describirse con el siguiente verso (Jue 17:6): "En aquellos días no había rey en Israel; cada uno hacía lo que bien le parecía." Este verso se aplica a nuestra situación hoy en día.

En nuestros días, no tenemos Rey. En el tiempo de los jueces, el Rey de los Israelitas era Dios. En nuestros días, mucha gente no cree en Dios. Sin Dios, no tenemos protección contra la maldad. El demonio está constantemente al acecho y buscando signos de debilidad para oprimirnos. La debilidad es tener poca fe en Dios. "Así que la fe es por el oír, y el oír, por la palabra de Dios." Dice el apóstol Pablo (Rom 10:17). Por lo tanto, podemos obtener fe al leer la palabra de Dios. En Isaías 1:18 (KJV), Dios dice: "Venid luego, dice Jehová, y razonemos juntos…" Dios es razonable. Es nuestro Padre, nuestro Creador. Nos ama. Como padre amoroso, quiere lo mejor para nosotros. El apóstol Mateo (7:11) transcribe las palabras de Jesús: "Pues si vosotros, siendo malos, sabéis dar buenas dádivas a vuestros hijos, ¿cuánto más vuestro Padre que está en los cielos dará buenas cosas a los que le pidan?" Por lo tanto, sólo debemos pedir más fe mientras estudiamos Su palabra.

"Cada uno hacía lo que bien le parecía". Sin Dios, terminamos haciendo lo que nos place, no lo que le place a nuestro Rey. El pecado es placentero por un tiempo, pero cuando ese tiempo pasa, terminamos pagándolo caro. Ya sea en esta vida, con las consecuencias de nuestro pecado, luego del cual ojalá (y muchas veces dolorosamente) nos arrepentimos y cambiamos a una vida con fe, o en la eternidad cuando quién sabe lo que pasará, pero los prospectos no son muy alentadores. Por alguna razón, Dios quiere que confesemos y demostremos que lo amamos mientras estamos en esta vida terrenal.

Cuando nos olvidamos de Dios, el enemigo comienza a oprimirnos. Esta opresión no necesariamente es dramática. Comúnmente es muy sutil y agradable, pero pronto nuestra conciencia nos dice "esto no es correcto", pero seguimos tropezándonos. A cierto punto, nos diremos "No, ya basta" o buscaremos una excusa o un compromiso para continuar en esa vía que nos llevará a la destrucción. En lo profundo, sabemos que esto es lo que va a pasar, pero el señuelo es tan fuerte.

¿Qué Hay de los que No Creen en Dios?

Tal vez no creas que Dios existe, pero lo que no te das cuenta es que al creer en cualquier otra cosa (como por ejemplo el "big bang", la madre naturaleza, el gran espíritu, la energía creadora, etc.) requiere de más fe que creer en Dios. Tomemos la hipótesis del "big bang" (una teoría es una hipótesis que ha sido demostrada y probada y el "big bang" no ha llegado a ese nivel en el método científico). ¡Para creer que las galaxias, las estrellas, y los planetas son el producto de una explosión primordial, uno tendría que creer que toda la materia del universo apareció de la nada, que se encontraba increíblemente compacta, que estaba girando sumamente rápido, y que de pronto explotó! Tanta materia no puede aparecer de la nada. ¿Por qué estaba girando y qué la hizo girar? ¿Por qué de pronto explotó y qué causó la explosión? Es mucho más fácil creer "En el principio Dios creó los cielos y la tierra…" Pero ya te has convencido; vas a creer en cualquier cosa menos lo que dice la Biblia. ¿Por qué? Porque te sientes incómodo cuando te mides contra una norma. Te has asimilado a la cultura pop que te insinúa que no hay absolutos, que todo en la vida está pintado en tonos de gris. Igualas a Dios con la historia de Santa Claus que le cuentan a los niños. Tú crees en la ciencia, no en cuentos de hadas, te dices.

Ese deseo de estar liberado de las normas es la fuerza de los movimientos populares que camuflan el ateísmo, tales son el uniformismo (todo cambio es lento), el materialismo (sólo las cosas materiales son importantes), el naturalismo (todo lo natural es bueno), evolucionismo (es natural ser animales), y créanlo o no, el racismo (sólo los fuertes sobreviven). Estos movimientos tienen un mensaje sutil, pero saturan poco a poco nuestras vidas y están especialmente dirigidas a los jóvenes. ¿No crees que esto es cierto? ¿Pregúntate, por qué sólo el evolucionismo es enseñado en las escuelas? Ya sé, "la separación de la iglesia del estado". Ese pretexto es ficticio. No existe cosa semejante en la Constitución de los EEUU y tú lo sabes. Thomas Jefferson simplemente envió una carta a la asociación bautista de Danbury en Connecticut donde discute la separación de la autoridad civil de la autoridad eclesiástica. Esto es, Jefferson se oponía a que el estado adoptara una religión oficial. Nunca sugirió que el estado debiera separarse de los valores morales. La prueba está que hasta los años 60 la Biblia era estudiada en las escuelas públicas. ¿Qué sucede cuando una sociedad se separa de los estándares morales? Sufre un incremento en la violencia, del crimen, los divorcios, los suicidios, el uso de drogas, etc., etc.; en otras palabras, la total degradación de la sociedad. ¿Si las escuelas se suponen que existen para preparar a los jóvenes para la vida en sociedad, no deberían las escuelas darles toda la información que existe? ¿No es acaso el creacionismo otra hipótesis y tan (o más cierta) que el evolucionismo? ¿Por qué se asustan en darle cabida a otra posible explicación de nuestra existencia?

Existen muchas maneras en que estos movimientos se infiltran en nuestras vidas. Consideremos los medios de comunicación. A las personas religiosas se las describe como "idos", pero a los filósofos, ambientalistas, y sociólogos, los medios de comunicación los describen como gente "de avanzada", que lucha por la mejora de la sociedad. Las ciencias, y en particular las sociedades científicas, guardan con celo cualquier cuestionamiento al evolucionismo; lo ven como progresivo, pero se rehúsan en aplicar el método científico para verificarlo adecuadamente. Los científicos que osan cuestionar al evolucionismo son condenados al ostracismo y por lo tanto nunca reciben fondos para sus investigaciones o sus escritos nunca pasan la necesaria revisión y aprobación de sus colegas para que logren su publicación.

Como colega de las ciencias, creo que el evolucionismo es, desde su fundamento, totalmente no-científico. El evolucionismo fue creado por una facción pseudocientífica que estaba en busca de alguna "teoría" que estuviese en total oposición a la Biblia. Este proceso comenzó en 1734 cuando Swedenborg, un filósofo y espiritualista escribió "Principia", un libro que describe la creación de nuestro sistema solar de una nébula. Otro filósofo, el Conde de Buffon, no mucho después, se le ocurrió el concepto que las diferentes especies se originaron una de la otra. Lamarck en 1809 escribió "Filosofía Zoológica" donde discute el concepto de la herencia por características adquiridas y el uniformismo.

Chambers, un espiritualista, escribió en 1844 "Vestigios de la Creación" donde describe sus ideas sobre la evolución. Wallace concibe allá por los 1850's la idea de "la sobrevivencia de los más aptos", pero Darwin, alguien que nunca acabó sus estudios, y con la ayuda de Lyell, un geólogo que describió su hipótesis sobre los estratos sedimentarios en 1833 pirateó el material de Wallace y lo publicó en 1859 con el nombre de "Origen de las Especies a Través de la Selección Natural o la Preservación de las Razas Favorecidas". Así es, lo has leído bien: "o la Preservación de la Razas Favorecidas". Me pregunto, ¿de qué lado estaría el ACLU (organización que se supone protege los derechos y libertades individuales en los EEUU) si el libro de Darwin se hubiese publicado hoy en día? Las bases del evolucionismo son totalmente no-científicas. ¿Cómo es, entonces, que se convirtió en "científico"?

Para probar que el evolucionismo es una teoría cabal, debe de demostrarse en seis diferentes áreas de la ciencia: la cósmica (no puede probar quién creó la materia, el espacio, ni el tiempo), el químico (no puede explicar cómo fueron creados los elementos más pesados que el fierro), la estelar (no puede explicar por qué la mayoría de las galaxias conservan sus espirales bien formados), la orgánica (no puede explicar cómo es que la vida empezó de ingredientes inorgánicos), la macro evolutiva (no puede explicar cómo es que los organismos simples son tan complejos), y la micro evolutiva (sólo puede explicar cómo es que las variedades de organismos evolucionaron del mismo género). De las seis áreas científicas, el evolucionismo sólo puede explicar una, la que es obvia para todos, esto es; la adaptación a su ambiente hace que los organismos cambien (por ejemplo; lobos y zorros a perros). Esta adaptación es siempre dentro de un mismo género, nunca entre géneros, que es lo que sugieren los evolucionistas. En este aspecto, es excepcionalmente curioso que Dios repite en Génesis de la Biblia la frase "de acuerdo con su género" cada vez que describe la creación de cada ser viviente

El talón de Aquiles del evolucionismo es la interpretación de la información geológica. La manera que Lyell logró que su hipótesis se aceptara fue excluir todos los eventos geológicos súbitos y catastróficos y crear una escala de tiempo sumamente vasta para la historia de la Tierra. Claro, en nuestras vidas no siempre experimentamos eventos catastróficos, fuera de algunos terremotos, inundaciones, o tsunamis. Por lo tanto, uno podría muy fácilmente extrapolar nuestra experiencia personal y concluir que se necesita una enorme cantidad de tiempo para causar los cambios que observamos en la naturaleza. Pero nos olvidamos de que muchas catástrofes han ocurrido, algunas de las cuales han acabado con culturas enteras y de las cuales existen, ya sean objetos que documentan estos sucesos, o ruinas que perduran hasta hoy.

Existen dos áreas en la discusión que prueban que el evolucionismo es una hipótesis falsa; los fósiles y la determinación de la edad por fechado radiométrico. Los fósiles son las impresiones de organismos en una capa sedimentaria que sufrió compresión y que causó que el organismo se cristalizara por depósitos minerales. Hay también fósiles de huellas humanas, huellas animales, etc. Si te pones a pensar, para que un fósil se forme, el entierro y la compresión deben de ocurrir en poco tiempo de lo contrario el organismo simplemente se pudriría y no dejaría tiempo para que la cristalización ocurra. ¿Con esto en mente, ya te das cuenta de que el concepto del uniformismo comienza a desmoronarse? Por otro lado, a pesar que nos quieran hacer creer que se necesitan millones de años para formar un fósil, esto no es cierto. Se han encontrado muchísimos fósiles de humanos y de artefactos que datan de los 1800's. Sólo se necesitan las condiciones ideales para formar fósiles. El evolucionismo quiere y necesita sugerir largos periodos de tiempo para que nuestras mentes acepten los cambios evolucionarios que sugieren.

Lo que Lyell y sus discípulos hicieron es arbitrariamente ponerles fechas a ciertas capas sedimentarias para que quepan entre ellas una historia larguísima y así insinuar la idea que se requiere de largos periodos de tiempo para que la evolución ocurra. Luego estudiaron los fósiles que se encontraban en estas capas y se valieron de los fósiles de los organismos extintos, llamados "fósiles índices", para fechar las capas sedimentarias de otros lugares del mundo en que estos estaban presentes. Esto es totalmente no-científico; es más, está basado en una lógica circular que es totalmente contraria al método científico de análisis. El hecho que nadie ha tenido las agallas de cuestionar esta farsa demuestra la mordaza que la "comunidad científica" tiene sobre las publicaciones. ¡Las capas sedimentarias fueron fechadas arbitrariamente en los 1800s! ¡Por favor!

Te dirás, pero de seguro estas fechas han sido confirmadas por ensayos radiométricos. ¡De ninguna manera! Aquí es donde parece más una conspiración por parte de los de la "comunidad científica", pero juzga por ti mismo. La radioactividad es el proceso de degradación de un material materno, tal como el uranio 238, a un material hijo, que en este caso es el plomo 206. En el proceso hay emisiones de energía en forma de radiación. Al tiempo que le toma a la mitad del material madre en degradarse en material hijo se le conoce como vida media, que en este ejemplo es de 4.5 mil millones de años. Al medir las cantidades de materiales madre e hijo en una muestra de roca o suelo y conociendo la vida media del proceso, uno puede determinar, en teoría, la edad de la muestra. Esto se conoce como fechado radiométrico. El fechado radiométrico asume de que nunca hubo contaminación de los materiales madre e hijo durante el proceso de degradación, también asume de que no hubo material hijo cuando la roca o el suelo se formó, y asume de que la degradación fue constante. Como te imaginarás, ninguna de estas suposiciones es correcta. Es imposible concebir que una roca o un suelo no se contaminen. El agua se percola por estos, disolviendo y acarreando minerales y metales de las partes superiores a las capas inferiores.

Muchos de los procesos radioactivos utilizados para el fechado radiométrico involucran al plomo como material hijo y por lo tanto es común encontrar diferentes isótopos de plomo en las muestras de roca o de suelo, lo que hace imposible determinar el proceso apropiado para realizar el fechado radiométrico. Por otra parte, es sabido que los materiales radioactivos capturan los neutrones de la degradación radioactiva de otras rocas y suelos aledaños. Estos neutrones cambian la masa atómica (el número que identifica al material radioactivo, como por ejemplo el uranio 238 comparado con el uranio 235 que ha perdido 3 neutrones), dificultando nuevamente la determinación del proceso radioactivo más apropiado a usarse. Encima de esto, se sabe que el calor intenso tales como los generados por flujos de lava o las extrusiones del magma, malogran los relojes radioactivos de las rocas o suelos.

Tomando como ejemplo algunas de las pocas publicaciones que escaparon la censura de la "comunidad científica" (nótese que la mayoría ocurrió en los años 60 y 70) demuestran que el fechado radiométrico no es confiable, por decir lo menos, incluyen: muestras de flujos de lava que ocurrieron en 1800-01 en Hawái y que fueron fechados entre 1.6 y 3 mil millones de años (Journal Science, 10/11/68); muestras de lava del volcán Sunset Crater, fechados por anillos de crecimiento de árboles en alrededor de 1,000 años, fueron fechados radiométricamente en 200,000 años (Journal of Earth & Planetary Science, 6/69); el domo de lava del volcán Mount Saint Helen formado en 1980 fue fechado en 2.8 mil millones de años; las conchas de animales *vivos* dieron una fecha con carbono 14 entre 440 y 750 años (Mangerud & Gulliksen en Quaternary Research, 1975); árboles *vivos* dieron una fecha con carbono 14 de 10,000 años (Von Fange, 1974).

Está claro que el fechado radiométrico, debido a las razones ya explicadas, exagera la antigüedad del material que se trata de determinar. Pero esto no parece detener a los "científicos". Ellos no quieren discutir estas contradicciones y seguimos leyendo en los textos escolares cosas como estas: "La Tierra tiene una antigüedad de 3.2 mil millones de años" o "el Periodo Cámbrico empezó hace 540 millones de años y duró 40 millones de años". Toda esta errónea información está basada en sueños de opio de filósofos del siglo XVIII (y muy probablemente ideadas en sesiones de espiritismo) y apoyadas por una comunidad "científica" que no tiene las agallas de cuestionarla apropiadamente (esto es, siguiendo el método científico) simplemente para no conceder que la Biblia pudiera estar en lo correcto.

Los hechos factuales son que la única evidencia de nuestra existencia como humanos en esta Tierra es de sólo unos 6,500 años. De los descubrimientos arqueológicos, podemos afirmar que los humanos nunca fuimos animales, siempre vivimos en comunidades y formamos civilizaciones en diferentes partes del globo demostrando inteligencia, destreza, y habilidades comparables a las nuestras. Diferentes culturas cuentan de una inundación catastrófica (por ejemplo, los Babilonios, los Mayas, etc.). Si utilizamos las edades de los personajes que aparecen en la Biblia, podríamos determinar que el diluvio ocurrió aproximadamente en 2350 AC. Es concebible que la Tierra antes del diluvio estaba compuesta por un sólo continente (Gondwana) y que este continente pre deriva continental no tenía montañas elevadas, por lo tanto, cubrirla con agua, como lo cuenta la Biblia, no requería de tan enormes cantidades de agua. Es también concebible que el diluvio inició los movimientos de deriva continentales, ya que el evento es descrito como enormemente catastrófico. El diluvio debió causar enormes cantidades de erosión (socavado de la tierra suelta a medida que las cadenas de montañas se elevaban mientras se creaban nuevas masas de tierra y montañas por las colisiones de los continentes), los que luego fueron depositados formando nuevas capas sedimentarias que, por su cantidad sufrieron grandes fuerzas de compresión. Cuando las aguas retrocedieron a las cuencas de los océanos actuales, las nuevas capas sedimentarias fueron expuestas y erosionadas con las características como las del Gran Cañón y la presencia de conchas marinas ubicadas a grandes elevaciones.

En esta manera de ver las cosas, es concebible que los organismos, especialmente los que viven pegados al suelo o los que tienen un movimiento limitado, hayan sido los primeros en ser rápidamente enterrados por el sedimento y expuestos a una enorme presión a medida que más sedimento continuaba acumulándose sobre ellos, eventualmente formando los fósiles en las capas más "antiguas" (conchas, caracoles, trilobites, etc.). Los animales más móviles que se fueron acorralando en los páramos más elevados o en áreas donde obtenían su alimento fueron alcanzados luego y también fueron cubiertos por sedimentos, formando lo que conocemos como el carbón de mina y los depósitos de petróleo, así como los fósiles de las capas superiores más "modernas". Esto también explica el descubrimiento de fósiles en zonas inverosímiles, tales como en las montañas, aunque estos también se explican por la formación de montañas con el material de antiguos valles por el efecto de la Deriva Continental que, en los bordes de colisión de las placas, dan lugar a la formación de montañas y cordilleras.

Los "científicos", especialmente los biólogos, se olvidan de aplicar las leyes de la física y de la termodinámica al apoyar ciegamente al evolucionismo. El tiempo aumenta el desorden (o entropía) de las cosas en el universo. El tiempo tiende a dispersar en vez de ordenar las cosas. Por lo tanto, uno nunca esperaría que el tiempo forme moléculas orgánicas complejas de moléculas inorgánicas simples o que el tiempo forme organismos multicelulares de los unicelulares, mucho menos que forme un ser humano de un primate. Los organismos dentro de su mismo género se adaptan al medio ambiente, pero no hay evidencia que un organismo de un género haya evolucionado de otro género. No existe ningún fósil, entre los millones que se han descubierto y estudiado, que indique que esto jamás haya pasado. Los biólogos gustan mencionar las mutaciones como el mecanismo principal para el evolucionismo, pero se olvidan de admitir que un muy pequeño porcentaje de las mutaciones tienen un efecto positivo para el organismo. Las mayorías de las mutaciones son negativas (empeora la condición del organismo), pero felizmente estas se pierden al no poderse los organismos mutados reproducirse o al corregirse la mutación cuando estos llegan a reproducirse. Las mutaciones positivas son las que generan nuevas versiones de proteínas que ayudan a los organismos dentro del mismo género simplemente a adaptarse a los cambios del medio ambiente. Las mutaciones no explican la evolución de los organismos, sólo explican su adaptación a los cambios ambientales.

Dios nos creó con un mecanismo natural de querencia. Instintivamente deseamos una relación con Él, pero a través del permanente lavado cerebral a que hemos sido sujetos por la sociedad, le hemos reemplazado con otros dioses. ¿Cuál es tu dios? ¿Las drogas, el sexo, el juego, el trabajo, el poder, el alcohol, el conocimiento? ¡Tu dios es la actividad que consume la mayor parte de tu tiempo ... y te está matando! Nunca serás feliz con esos dioses, nunca te van a satisfacer, nunca son suficientes. ¿Sientes acaso que falta algo a pesar que tu vida es relativamente exitosa? ¿Tienes todo lo que necesitas, pero aún sientes un vacío...? Esta es la manifestación del mecanismo de querencia. Algún día, y espero que pronto, te des cuenta que el momento llegó para establecer una relación con tu Creador. El único camino a Dios es a través de Su Hijo quien sufrió y murió por todos tus pecados. Dios no permite que nadie se le acerque con su propia virtud o su buena intención porque uno sigue siendo imperfecto. No puedes entrar al cielo porque eres "bueno" o porque haces "el bien" o porque tienes "buenas intenciones". La única manera de allegarte a Dios es a través de la virtud de su Hijo que sí fue perfecto. Su perfección compra tus pecados, pero sólo si lo invitas a estar al timón de tu vida. Ruego que lo invites pronto y que corrijas tu relación con Él. Estamos hablando de la cosa más importante de tu vida, tu vida eterna.

¿Qué Hay de los que Creen en Buda?

Respeto su religión porque representa uno de los más antiguos reconocimientos de la espiritualidad humana y su lucha contra el materialismo. Es curioso notar algunos paralelos entre Jesús y Buda, tales como las tentaciones del demonio antes de comenzar sus ministerios, o la insignificancia del estatus o el género como requisito para recibir la gracia de Dios. Claro que para ustedes la gracia de Dios es el esclarecimiento espiritual, el que se logra al negarse a uno mismo de las cosas de este mundo. Esto es sólo bueno hasta cierto punto como el mismo Buda descubrió. Como sabrán, Siddhartha Gautama (Buda) inicialmente comenzó una vida ascética y luego se dio cuenta que ese no era el camino a La Verdad. Una vida extremadamente frugal puede ser hasta dañina.

Las Cuatro Nobles Verdades y los Ocho Caminos son la culminación de la búsqueda por Buda de la Verdad. Pero esta es la culminación del estado máximo posible para una persona terrenal. Se logra a través de una increíble disciplina y dedicación personal. Pero Dios nos creó también para disfrutar de la vida. Simplemente nos pide que mantengamos una relación con Él. El budismo parece implicar que la única manera de mantener una relación con Dios (conocer la Verdad) es superar nuestras ataduras a las cosas materiales a través de sabiduría, moralidad, y meditación. Este proceso se basa en nuestra virtud personal. ¿Dónde está Dios en todo este proceso? Dios exige perfección y ni siquiera Buda era perfecto porque era humano. Un humano extraordinario, pero humano, no obstante. ¿Cómo podríamos nosotros, que somos mucho menos que Buda, compararnos en esta situación? Nos estaríamos engañando si creemos que vamos a encontrar la gracia de Dios así nos creamos iluminados por seguir los mismos pasos de Buda.

Somos todos pecadores, no interesa cuánto nos neguemos las cosas de este mundo o cuánto tiempo nos la pasamos en meditación. La única manera de liberarnos de nuestros pecados es a través del sacrificio, pero no del nuestro porque siempre será insuficiente. Por ese propósito Dios mandó a su único hijo Jesús. Su sangre nos lava de nuestros pecados. Su virtud nos hace virtuosos ante Dios. Esto debe ocurrir primero. Primero se tiene que establecer una relación con Dios aceptando a quien Él envió. La negación de las cosas de este mundo (sacrificio) y la meditación (plegarias) refuerzan tu relación con Dios. Esto viene a continuación. Muchos cristianos que aceptan a Jesús como su Señor y Salvador en sus vidas no tienen la disciplina del sacrificio y de la oración como ustedes la tienen para mantener la relación que Dios quiere con nosotros. Por esta razón creo que ustedes serían mejores cristianos que la mayoría de los que se proclaman cristianos. Ora a Jesús para que te perdone tus pecados, agradécele por haber muerto por tus pecados, pídele que sea el Señor de tu vida y continúa en tu búsqueda de la Verdad y así tendrás tu nombre escrito en el Libro de la Vida, el que será abierto en el fin del tiempo. Sólo los que tienen su nombre escrito se les permitirá permanecer cerca de Dios. Los que rechazan a Su hijo, rechazan al mismo Dios, no interesa cuán virtuoso crees que eres. No son mis palabras, son las del mismo Jesús. Ninguna otra persona en toda la historia de la humanidad ha tenido la autoridad de decir esto. Ruego que tus ojos se abran a esta verdad.

¿Cómo Serán las Cosas Cerca del Final Según la Biblia?

Uno de los aspectos de la Biblia que la hacen única entre las demás escrituras sobre Dios son sus profecías. Ningún otro escrito tiene tantas descripciones de eventos futuros. Esto es lo que hace que la Biblia sea creíble. De las 333 referencias de la llegada de un Mesías en el Antiguo Testamento, sólo 109 han sido cumplidas con su primera venida. Entonces fuera de las 224 profecías restantes, que serán cumplidas en su segunda venida, hay un sinnúmero de profecías de lo que ocurrirá hacia el final.

Una de estas profecías se encuentra en Daniel (2:1-49) quien era un joven muchacho cuando fue tomado cautivo por los babilonios alrededor de 586 AC para servir en el palacio real de Nabucodonosor. Una noche, durante el segundo año de su reino, el rey reunió a todos sus sabios y les demandó que le digan lo que había soñado. Como se imaginan, ninguno osaba siquiera adivinar. Le decían al rey, "por favor díganos su sueño y nosotros le diremos lo que significa." Pero el rey estaba obstinado y les amenazó a todos con la muerte si no cumplían con su pedido. Ellos por supuesto respondieron: "Nadie excepto los dioses pueden decirte tu sueño, y ellos no viven entre la gente." El rey entonces ordenó a que se les ejecute. Pero Daniel intercedió y pidió más tiempo para revelar el sueño, lo que le fue concedido. Daniel entonces rogó a Dios para recibir misericordia y revelar el secreto. Esa noche el sueño fue revelado a Daniel en una visión. La mañana siguiente, luego de alabar a Dios en una bella y agradecida plegaria, Daniel se reunió con el rey para decirle su sueño secreto.

El sueño era sobre lo que iba a pasar en el futuro. Se trataba de una enorme, brillante, y aterradora estatua de un hombre. La cabeza de la estatua estaba hecha de oro fino, su torso y brazos de plata, su estómago y muslos de bronce, sus piernas de hierro, y sus pies de una combinación de hierro y arcilla cocida. Luego, una roca de una montaña, no cortada por manos humanas, golpeó los pies de hierro y arcilla cocida, rompiendo la estatua en pedazos, luego el viento dispersó los pedazos sin dejar rastro alguno. Pero la roca que causó la destrucción se convirtió en una gran montaña que cubrió toda la tierra. Esto fue lo que el rey había soñado.

Daniel luego procedió a explicarle el sueño al rey. La cabeza de oro te representa a ti, Nabucodonosor, pero después que tu reino termine, otro reino inferior al tuyo se levantará para tomar tu lugar. Después que ese reino caiga, un tercer reino surgirá para dominar al mundo. Siguiendo a ese reino, habrá un cuarto reino fuerte como el hierro. Lo que sigue después de ese será un reino dividido. Mientras algunas partes serán tan fuertes como el hierro, otras serán débiles como la arcilla cocida. Esos reinos divididos tratarán de fortalecerse formando alianzas matrimoniales, pero no podrán mantenerse unidas. Durante el reino de estos últimos dominios, Dios establecerá un reinado que los aniquilará y que nunca será destruido o conquistado, representada por la roca no cortada por manos humanas que destruye la estatua y crece hasta sobrepasar la tierra entera.

Con la ventaja de la historia a nuestras espaldas, esta profecía puede explicarse con mayor detalle así: la cabeza de oro es el reino babilónico de Nabucodonosor, como lo dijo Daniel. El territorio imperial babilónico cubría lo que es el Oriente Medio, la parte norte de la península Arábica, Turquía oriental, e Irak. Después de la muerte de Nabucodonosor, su nieto Belsasar se convirtió en rey de Babilonia, pero unos años después, en 539 AC, Ciro el Grande de Persia conquistó Babilonia. Los Medo-Persas invadieron al imperio babilónico y añadieron a su territorio lo que es hoy el norte de África, Bulgaria, el resto de Turquía, Irán, Afganistán, y partes de Pakistán. Los Medo-Persas representan el torso y los brazos de plata. Sin embargo, en 334 AC, Alejandro Magno de Macedonia conquistó a los Medo-Persas, representado por el estómago y los muslos de bronce, añadiendo al territorio Egipto y Grecia. Los griegos dominaron esa gran parte del mundo hasta 146 AC, mucho después de la muerte de Alejandro Magno en 323 AC. La ocupación del mundo Griego por los Romanos comenzó después de la Batalla de Actium en 31 AC, cuando Augusto derrotó a Cleopatra VII, la reina Ptolemaica de Egipto junto con el general Romano Marco Antonio, y un año más tarde conquistó Alejandría, la última gran ciudad de la Grecia Helenista. El Imperio Romano representa las dos piernas de hierro curiosamente porque, en 285 AD, el imperio se dividió en dos. Los Romanos conquistaron todos los reinos que circundaban el Mar Mediterráneo y también el sur de Gran Bretaña. El Imperio Romano oficialmente terminó en 476 AD, pero actualmente continuaba funcionando a través de varios reinados, los que serán descritos más adelante. Esos reinados representan los pies de hierro y arcilla cocida.

El último libro de la Biblia, escrito por el único apóstol de Jesús que aún vivía en ese tiempo, es el libro Revelación. Fue escrito por el apóstol Juan cuando estuvo en exilio por los Romanos en la isla de Patmos alrededor de 95 AD. En su visión, Juan insinúa que el Imperio Romano eventualmente pasaría de su creencia Pagana a un diferente sistema político-religioso. La forma Pagana claramente existía desde la formación del imperio en 27 AC hasta

313 AD cuando el Emperador Constantino emitió el Edicto de Milán, que aceptaba la Cristiandad como religión y, 10 años más tarde, se convirtió en la religión oficial del Imperio. Luego de ataques sucesivos por hordas de grupos barbáricos, como Alarico (de 408 a 410 AD), Atila (de 442 a 453 AD), y Genserico (de 439 a 474 AD), el Imperio Romano terminó por desaparecer por 298 años. Sin embargo, en el año 774 AD, Carlomagno derrocó a los Lombardos en el norte de Italia, recibiendo el título de Patricio de Roma. Logró la cima de su poder cuando en 800 AD fue coronado "Emperador de los Romanos" por el Papa Leo en la vieja Basílica de San Pedro en Roma y así reviviendo el Imperio Romano del Occidente en su forma Gótica. Carlomagno unió la mayor parte de Europa Occidental por primera vez desde la era clásica del Imperio Romano y hasta acaparó partes de Europa que nunca estuvieron bajo el dominio de Roma. Carlomagno inició el Renacimiento Carolingio, un período de actividad cultural e intelectual enérgico dentro de la Iglesia Occidental. Este es el renacimiento del Imperio Romano bajo la forma Papal, también conocida como el Papado o el Romanismo.

Incluso antes de la muerte de Carlomagno en 814 AD, el Imperio estaba dividido entre varios miembros de la dinastía Carolingia. Estos incluían al Rey Carlos el Joven, hijo de Carlomagno, quien recibió Neustria; el Rey Luis el Piadoso, quien recibió Aquitania; y el Rey Pipino, quien recibió Italia. Luego de la muerte de Pipino y Carlos, todo el imperio pasó a Luis hasta su muerte en 840 AD. Los siguientes años estuvieron plagados de conflictos internos entre los miembros de la familia que reinaban las diferentes porciones del territorio del Imperio. El Tratado de Verdún en 843 AD finalmente dividió el Imperio en tres reinos: Reino Franco Occidental, Medio, y Oriental. El Tratado inicia una nueva manera de resolver conflictos y negociaciones de territorios, lo que creó los reinos y eventualmente los países de Europa que conocemos hoy. Esta manera de resolver conflictos tomó algún tiempo de consolidación. Sin embargo, todos esos países son vástagos del Imperio Romano, que continuó hasta su disolución en 1806 por las Guerras Napoleónicas. Al final de las Guerras Napoleónicas en 1815, el único vestigio del Imperio Romano era la Confederación Germánica.

Aún otro libro de la Biblia proporciona una perspectiva diferente en la escena profética. Es el libro de Ezequiel. Una de sus muchas profecías cuenta de la reunificación de Israel en su territorio original en el Medio Oriente, lo que finalmente ocurrió en 1948 luego de 1,878 años de estar disperso por todo el mundo y sufrir varias situaciones de persecución y holocausto. La visión de Ezequiel era de huesos secos juntándose para formar un esqueleto y cubriéndose de carne y luego cobrando vida. Luego menciona un ataque. La interpretación *literal* tradicional de la visión de Ezequiel (38:15) es que el origen de la agresión involucra una movilización de los ejércitos de Rusia y de Turquía "Vendrás de tu lugar, de las regiones del norte, tú y muchos pueblos contigo, todos ellos a caballo, gran multitud y poderoso ejército, y subirás contra mi pueblo Israel como nublado para cubrir la tierra…" Sin embargo, el Anticristo destruye las fuerzas invasoras, aparentemente utilizando armas nucleares. "Yo litigaré contra él con pestilencia y con sangre; y haré llover sobre él, sobre sus tropas y sobre los muchos pueblos que están con él, impetuosa lluvia, y piedras de granizo, fuego y azufre." (Eze 38:22) "Y la casa de Israel los estará enterrando por siete meses, para limpiar la tierra." (Eze 39:12) "…y el que vea los huesos de algún hombre pondrá junto a ellos una señal…" (Eze 39:15). Muy probablemente una descripción de la descontaminación radioactiva.

Ahora que el Anticristo es admirado y goza de la confianza del pueblo Judío, este erige una estatua de sí mismo en el recién construido Templo en el Monte del Templo que negoció unos años atrás y demanda ser adorado. Esto es llamado por Daniel "la abominación desoladora", que también fue referida por Jesús cuando describió el fin de los tiempos. Será el momento cuando los Judíos se den cuenta de que su líder y protector no es de Dios. Se rebelarán y un nuevo período de persecución comenzará.

Esto marca la segunda mitad de lo que es conocido como el Periodo de la Gran Tribulación. Todos serán forzados a aceptar una marca en la frente o la mano que indique su fidelidad con el Anticristo. Mucha especulación existe sobre esta marca. Algunos piensan que será una herrada otros un microchip por debajo de la piel, que almacene la identificación de cada persona. Actualmente tenemos la tecnología para esto, como lo hacemos para identificar a las mascotas. Nadie podría trabajar, comprar, viajar, etc., sin esa marca. Los que se rehúsen a recibir la marca y rechacen al Anticristo serían ejecutados. Muchos creen que este Periodo de Tribulación medio es cuando Satán es expulsado del cielo a la Tierra, porque literalmente "el infierno se desata" en la Tierra después de ese tiempo.

La Palabra de Dios, la Biblia, tiene que ser leída literalmente y en contexto, excepto cuando está obviamente contándonos algo en imágenes, parábolas, o en visiones. Esas imágenes, parábolas, y visiones, en la mayoría de los casos, están seguidas por actuales explicaciones en la Biblia. El libro Revelación es en su mayoría una excepción, ya que sólo algunos pasajes son explicados. Pero Dios dice en Revelación 1:3: "Bienaventurado el que lee, y los que oyen las palabras de esta profecía, y guardan las cosas en ella escritas; porque el tiempo está cerca." En otras palabras, Dios quiere que nosotros leamos y comprendamos Su revelación del futuro, pero requiere que pongamos un esfuerzo para entender su significado. Dios nos ha dado muchas interpretaciones de símbolos a lo largo de la Biblia, como el sueño de Nabucodonosor de la gigante estatua hecha de diferentes materiales, entre muchas otras. Debemos utilizar todas estas interpretaciones para entender Revelación.

En la simbología, un objeto es escogido para que represente no a sí mismo, sino algo de carácter análogo. Cada símbolo, no importa del departamento al que fue tomado, ya sea del universo material, del reino animal, de la vida humana, o del reino celestial, se erige como representante, no de sí mismo, pero de algún otro objeto de carácter análogo no encontrado en el mismo departamento del que fue tomado. Con esta introducción, y usando deducción y lógica, podemos presentar un conjunto de reglas para la interpretación de símbolos. Algunas de estas reglas y sus ejemplos están resumidas en la tabla que sigue:

Símbolo	Significado Análogo
Elementos sacados de la naturaleza/mundo animal	Eventos políticos del imperio
Ejemplo: Una bestia salvaje, feroz, en estampida o devorando todo a su paso	Un gobierno cruel, perseguidor, tiránico. Poder Romano persiguiendo a Cristianos
Elementos sacados de la vida humana y angelical	Eventos religiosos o espirituales de la Iglesia

Ejemplo: Un ángel del cielo, con su faz como el sol, sus pies como pilares de fuego, y un arcoíris sobre su cabeza	El cuerpo glorioso de los reformadores de Dios
Elementos sacados del Antiguo Testamento	Asuntos de la iglesia
Ejemplo: Un candelero o candelabro	Una iglesia
Una combinación de símbolos sacados de los departamentos de vida humana y animal	Sistema político-religioso
Ejemplo: Una mujer y una bestia	Los poderes civiles de Europa y los poderes eclesiásticos de Roma
Un agente en vida, activo, inteligente, sus acciones y los efectos de sus acciones	Un agente análogo inteligente, sus acciones, y los efectos de sus acciones
Ejemplo: Una estrella caída	Un propagador de una falsa fe
Tiempo	Días como años
Ejemplo: Cinco meses	5 * 30 días/mes = 150 años
Ejemplo: Una hora, y un día, y un mes, y un año	(1/24)*360 + 1 +30 + 360 días/año = 391 años y 15 días
Ejemplo: Por un tiempo, tiempos, y medio tiempo	1 + 2 + ½ = 3.5 * 360 días/año = 1,260 años

Cuando la gente lee el libro Revelación (Apocalipsis en griego), tienden a leerlo en los términos de hoy. Esto es, como si cada visión es de algo que vendrá en *nuestro* futuro. Esto no es completamente cierto. La gran mayoría de las visiones son de eventos que ya han ocurrido. Eran definitivamente eventos presentes y futuros para

Juan el Apóstol allá en 95 AD. La prueba de esto es el hecho que la cronología proporcionada por las visiones coincide con lo que ocurrió en la historia, ambos en los aspectos políticos y religiosos entre 95 AD y hoy. Se le ordena a Juan (Rev 1:19): "Escribe las cosas que has visto, y las que *son*, y las que *han de ser* después de estas." Las visiones, descritas en simbología aparentemente complicada, resume eventos que ocurrieron en nuestra historia, luego cambia de escenario a eventos en el cielo, como una buena película. Esto causa mucha confusión y ha frustrado a muchos fieles lectores de la palabra de Dios.

La Revelación Explicada por F. G. Smith (1918), quien metódicamente analiza las diferentes maneras de simbolismo utilizado en el último libro de la Biblia por Juan el Apóstol, se usó aquí para resumir lo que el libro Revelación trata de transmitir. Dios dio a Juan una visión para que la escriba para probarnos que Su relato es verdadero, de la misma manera que lo hizo con los profetas previos que escribieron sus visiones de lo que devendría. Sin embargo, Dios cierra Su relato con este asombroso reporte de la historia futura del mundo conocido, centrado, como lo está a través de la Biblia entera (Antiguo y Nuevo Testamento) en Jesús y Su iglesia. La cronología de la visión es del tiempo de Juan (95 AD) al fin del mundo. Tenemos hoy la ventaja particular de tener 1,925 años de historia para un entendimiento más completo del significado de la visión.

La mayoría que lee el libro Revelación, incluyendo pastores de congregaciones que están acostumbrados a leer y explicar la Biblia literalmente, se desconciertan por su simbología, la que no debe entenderse literalmente. Es más, en algunas partes del libro, el texto mismo explica el significado de algunas de las simbologías como para no confundir al lector. En esos casos, en las tablas que siguen, bajo la columna "Lo que significa", la explicación se encuentra en letras negritas. Las visiones siguen la cronología histórica, pero algunas veces cambia de escena y repite algunos eventos, pero desde otra perspectiva. Dios ordena a Juan (Rev 22:10), "…No selles las palabras de la profecía de este libro, porque el tiempo está cerca." De esto podemos interpretar que la verdadera iglesia de Dios debería de leer y entender el libro Revelación como se pretendía originalmente. Espero de que el análisis presentado aquí, que tal vez pueda mejorarse, aclare las cosas y ponga el libro en su legítima perspectiva. El análisis comenzará con el Capítulo IV porque es aquí cuando la visión del fin del mundo comienza.

Capítulo IV

Lo que dice	Lo que significa
Introducción al trono de Dios	Un gran monarca en posición de autoridad
Los 24 ancianos en túnicas blancas	Ministros de Dios representan el Antiguo y Nuevo Testamento
Las siete lámparas*	Los siete espíritus de Dios
Los cuatro seres vivientes	Los redimidos de los cuatro puntos cardinales de la Tierra
- cubierto de ojos	- vigilancia y discernimiento
- uno como león	- fuerza y coraje
- uno como becerro	- sacrificio o labor paciente
- uno como hombre	- razonamiento e inteligencia
- uno como águila	- rápido y de muy buena visión

* Siete representa la totalidad y la perfección. Es usado mucho como parte de la simbología.

Dios en su grandeza y poder infinitos está en Su trono celestial rodeado por Sus ministros, los redimidos por Jesús y el Espíritu Santo.

Capítulo V

Lo que dice	Lo que significa
Dios sostiene un libro	Los infinitos consejos y propósitos de Dios
- escrito en ambos lados	- esos propósitos están llenos y completos
- con siete sellos	- los contenidos nunca antes fueron revelados
- tomado en Su mano derecha	- capaz de ejecutar Sus propósitos
Un Cordero inmolado	Jesús después de su sacrificio en el Calvario
- con siete cuernos	- teniendo poder completo
- y siete ojos	**- teniendo los siete espíritus de Dios**
El Cordero toma el libro	El plan de redención se revela
Los 24 ancianos tienen arpas y copas llenas de incienso	**Las plegarias de los redimidos**

Dios le entrega a Jesús, el único capaz de ejecutar Su voluntad para la Tierra con respecto a Su iglesia, Su plan de redención, mientras la multitud de los redimidos cantan y alaban.

Capítulo VI

Lo que dice	Lo que significa
Jesús abre el primer sello	
Un jinete en un caballo blanco	Humildes ministros de Jesús
- con un arco	- teniendo fuerza y poder
- y una corona	- con una corona de victoria
- para conquistar	- para propagar la palabra de
Jesús abre el segundo sello	Dios
Un jinete en un caballo bermejo	Agente de gran destrucción
- poder de hacer la guerra	- propagador de las religiones Paganas
- con una gran espada	- capaz y dispuesto a destruir
Jesús abre el tercer sello	
Un jinete en un caballo negro	De naturaleza oscura y espantosa, trae oscuridad espiritual y gran apostasía
- con una balanza en la mano	- para exigir severas exacciones a la gente
Jesús abre el cuarto sello	
Un jinete en un caballo amarillo de nombre Muerte	Agente de naturaleza horrible y terrible
- seguido por el Hades	- causa las persecuciones del Papado
- autoridad para matar con hambre, mortandad, etc.	- usa todo modo de crueldad imaginable para exterminar la "herejía"
Jesús abre el quinto sello	
Todos los mártires de la palabra de Dios están debajo del altar con vestiduras blancas y piden ser vengados, pero les dicen que esperen	Luego de la Roma Pagana viene la apóstata iglesia de Roma (Papado), pero el período de tribulación de la verdadera iglesia no ha concluido aún

Lo que dice	Lo que significa
Jesús abre el sexto sello	
- un gran terremoto	-incursiones militares causan cambios políticos
- el sol se oscurece	- reyes y príncipes depuestos
- la luna se torna roja	- derrocamiento de dignatarios
- las estrellas caen del cielo	- toda la clase dominante se ve afectada
- las montañas e islas se mueven	- toda la estructura gubernamental cambia
- todos se esconden en cuevas	- terror en la población

Este es un resumen de lo que va a ocurrir. La iglesia cristiana primitiva es perseguida y martirizada por la Roma Pagana, trayendo oscuridad espiritual. El paganismo es luego reemplazado por el Papado, y poco después, las tribulaciones de la verdadera iglesia continúan, pero ahora de las manos del Papado. Hordas de bárbaros atacan repetitivamente el Imperio Romano, trayendo terror y destrucción. La sociedad Romana está en estado de agitación, los reinos son derrocados, y sus gobernantes y príncipes son sacados de sus posiciones de poder o son objeto del terror más sombrío. La población huye en total horror y pánico.

Capítulo VII

Lo que dice	Lo que significa
Cuatro ángeles en los cuatro ángulos de la Tierra	Las hordas de bárbaros bajo sus líderes
- Deteniendo los cuatro vientos	- se preparan de todos lados
Otro ángel que viene del este ordena que no se dañe la Tierra hasta que los siervos se sellen	Dios los mantiene bajo contención hasta que la iglesia se establezca en el Imperio
- El sellado de los 144,000	- La iglesia de Dios, que comprende la verdadera Israel
- 12,000 de cada tribu de Israel	- perfecto y completo número, nadie fue omitido
La multitud en ropas blancas	
Una vasta multitud, que nadie podía contar, de todas naciones y tribus y pueblos y lenguas, delante del trono y ante el Cordero. Lavaron sus ropas con la sangre del Cordero	**Los que murieron en la Gran Tribulación** Esta escena es en el cielo y se refiere al fin del mundo y el triunfo gloriosos de todos los que soportan hasta el fin

A este punto, la historia retrocede un poco para decirnos que los bárbaros fueron contenidos por Dios para darle tiempo a la iglesia de establecerse en el imperio Romano antes de comenzar sus ataques. Hay una escena retrospectiva al escenario celestial que nos muestra los que fueron (y serán) martirizados por Roma Pagana, Roma Papal, Protestantismo, y por la persecución final del anticristo.

Capítulo VIII

Lo que dice	Lo que significa
Jesús abre el séptimo sello	
- hay un silencio por media hora	- literal silencio antes del comienzo del final
- siete ángeles con siete trompetas	- poderes de persecución total civil y eclesiásticos
- ángel con el incensario	- las pruebas y triunfos de la iglesia verdadera
El incensario con fuego es arrojado a la Tierra y hubo mucha bulla y un terremoto	Las revoluciones y convulsiones que están a punto de ocurrir en el imperio
El primer ángel toca la trompeta	
- granizo y fuego mezclado con sangre	- los vándalos de Alarico atacan a los Romanos
- un tercio de los árboles se quema	- los que no son capaces de resistir y defenderse
- toda la hierba se quema	- la porción débil de la sociedad sufre aún más
El segundo ángel toca la trompeta	
- una gran montaña ardiendo precipitada al mar	- un instrumento permanente de destrucción en el corazón del imperio con consecuencias sangrientas
- un tercio del mar se ensangrienta	- los ataques constantes al Imperio Romano por Genserico desde el África por las costas del Mediterráneo

- un tercio de los seres vivientes en el mar muere	- el poder de la clase gobernante se disminuye
- un tercio de los barcos en el mar se destruyen	- la paz y el comercio se ven afectados
El tercer ángel toca la trompeta	
- una gran estrella cae del cielo	- aparece de pronto y luego desaparece de pronto con amargos resultados
- cae sobre un tercio de los ríos	- Atila ataca el corazón de Europa
- cae sobre las fuentes de agua	- luego se enfoca en su periferia, muriendo de pronto
- un tercio del agua se amarga	- deja resultados amargos para el imperio
- muchos mueren por el agua amarga	- mucha gente muere
El cuarto ángel toca la trompeta	
- un tercio del sol fue herido	- pérdida de reyes y príncipes
- un tercio de la luna se oscureció	- pérdida de dignatarios en el imperio
- un tercio de las estrellas se oscureció	- pérdida de la clase gobernante
Ángel volando y diciendo ¡ay, ay, ay!	Anuncia que las tres trompetas todavía por sonar traerán peores calamidades a los Romanos que los que ya ocurrieron

Hay un silencio de suspenso antes que Jesús comience a desarrollar lo que ocurre luego. Detalla los intensos, frecuentes, violentos, y desastrosos ataques al Imperio Romano por tres principales grupos de bárbaros: Alarico, Genserico, y Atila. Por tres siglos la Roma Pagana sacrificó a millones de inocentes cristianos, fieles servidores de Dios. La mano retributiva de la justicia fue finalmente extendida para humillar a Roma a través de las hordas barbáricas. Sin embargo, hay más por venir.

Capítulo IX

Lo que dice	Lo que significa
El quinto ángel toca la trompeta	
- una estrella cae y se le da la llave del abismo	- propagador civil y religioso de una falsa fe
- humo sale del abismo	- una fe engañosa que procede de la oscuridad
- se oscurece el sol	- se oscurece la verdad
- del humo salen langostas	- Sarracenos islámicos
- se les manda no dañar la hierba	- no fueron mandados como azote a lo político, pero para establecer un terrible fraude religioso
- sólo dañar a los que no tienen el sello de Dios y que sean atormentados por 5 meses	- para angustiar al Imperio Romano por 150 años (612 – 762 AD)
- hombres buscarán la muerte, pero no la encontrarán	- nadie podrá evitarlos
- langostas como caballos de guerra	- una multitud muy bien preparada y armada

Lo que dice	Lo que significa
- con coronas como de oro y caras como humanas	- buen acierto, grandes triunfos y audacia
- cabello como de mujer y dientes como de leones	- afeminados y de carácter feroz
- corazas como de hierro	- insensibles a las lesiones
- ruido de sus alas como la de muchos carros de caballos	- la multitud de su ejército y su rapidez al conquistar
- colas como de escorpiones	- propagadores de una falsa fe
- tienen por rey al ángel del abismo (Abadón)	- de origen demoníaco
El sexto ángel toca la trompeta Desata a los cuatro ángeles que están junto al río Eufrates	Las cuatro Sultanías del Imperio Otomano, con su capital Bagdad, esperan el tiempo asignado para invadir
- para matar a un tercio de los hombres	- atacan el Imperio Romano que sufre grandes bajas
- 200 millones de jinetes	- un ejército sumamente vasto
- corazas de fuego, de zafiro, y de azufre	- el carácter Turco como sistema religioso militar
- los caballos tenían cabezas de leones	- fuerza invencible y mucho coraje
- de su boca salían fuego, humo y azufre	- los Musulmanes como poder militar
- el poder estaba en su boca y en sus colas	- un poder político y militar

Lo que dice	Lo que significa
"Pero los que sobrevivieron de estas plagas no se arrepintieron de las obras de sus manos, ni dejaron de adorar a los demonios y a los ídolos, y no se arrepintieron de sus homicidios, hechicerías, fornicaciones, o hurtos"	El Papado llegó a la cima de la apostasía e iniquidad; la virgen María, los santos, y miles de ídolos en forma de reliquias eran adoradas más que a Dios

Los ataques continúan, pero ahora no son sólo ataques militares sino también religiosos. Los Islámicos Sarracenos traen consigo una falsa fe que acosa y debilita aún más al Imperio Romano por espacio de 150 años. A esto le siguen, después de un tiempo, los ataques del Musulmán Imperio Otomano, que posee enorme poder político y militar. Estos ataques, se interpretan como que son el resultado de la apostasía del Papado.

Capítulo X

Lo que dice	Lo que significa
El ángel con el librito	
- tenía el librito abierto	- mensaje con la voluntad de Dios
- su pie derecho sobre el mar y el izquierdo sobre la tierra	- promulgado a todas las naciones
- juró un juramento en nombre de Dios	- proclamando la voluntad de Dios
- clamó a gran voz como ruge un león	- con fuerza y coraje
- siete truenos emitieron voces	- la voz de Dios?

Lo que dice	Lo que significa
- Juan es ordenado a no escribir lo que dijeron las voces	- literal
Juan toma el librito y lo come	La iglesia recibiendo la Palabra de los ministros
- Dulce a la boca, amargo al vientre	- es el afán con el que la gente recibe la palabra de Dios y las amargas persecuciones y oposiciones que resultan

Hay una pausa en la narrativa con varias escenas retrospectivas en la escena celestial. Un mensajero especial aparece en la Tierra con el terrible mensaje que el fin del mundo será luego que el séptimo ángel toque la trompeta. El mensaje del evangelio puro debe ser predicado no sólo en el Imperio Romano, sino en todo el mundo. También que el evangelio será recibido con afán, pero resultará en oposición y persecución.

Capítulo XI

Lo que dice	Lo que significa
Midiendo el templo de Dios	
- cuenta el número de devotos	- la visible iglesia de Dios
- no midas el patio de afuera	- constituye la iglesia de Roma
- hollarán la ciudad santa por 42 meses	- dado a los Gentiles para que la profanen por 1,260 años
- poder de los dos testigos	- la Palabra y el Espíritu de Dios
- que profeticen por 1,260 días	- la iglesia profana gobernó de 270 a 1530

Lo que dice	Lo que significa
- si alguien quiere hacerles daño debe morir	- nadie puede desafiar su poder
- tienen el poder de convertir las aguas en sangre	- poder de excomulgar e interdecir
- y herir la Tierra con toda plaga	- se convirtió en el terror de individuos y el azote de las naciones
Muerte y resurrección de los dos testigos	
- la bestia que sube del abismo vence a los dos testigos y los mata	- el Protestantismo termina por oponerse a la Palabra y el Espíritu de Dios. La Biblia ya no les es considerada la palabra de Dios
- sus cadáveres estarán en la plaza por tres días y medio	- 350 años de Protestantismo para finalmente reconocer que la Palabra y el Espíritu son los únicos gobernantes de la iglesia verdadera
- Dios los revive y se levantaron sobre sus pies	- desde 1880, Dios empezó a levantar santos que predican el evangelio sin adulterarlo
- una gran voz del cielo que les dice "Subid acá"	- en el momento asignado, Dios arrebatará o raptará a Su iglesia de la Tierra

Lo que dice	Lo que significa
- en aquella hora, un gran terremoto destruye la décima parte de la ciudad y mueren 7,000 hombres	- convulsión política debido al derrocamiento de países e imperios con muchas muertes
El séptimo ángel toca la trompeta	
- grandes voces en el cielo proclamando el reino de Cristo	- ángeles anunciando que Jesús va a tomar posesión de la Tierra
- los 24 ancianos adoran a Dios y declaran que la hora llegó para la ira de Dios	- los redimidos en el cielo declaran que la hora de Dios ha llegado finalmente
- el templo de Dios se abre, y el Arca de Su pacto se ve en el templo	- demuestran que los pactos del Antiguo y Nuevo Testamento son parte del mismo plan
- relámpagos, voces, truenos, un terremoto y grande granizo	- gran conmoción y destrucción que no tomará mucho tiempo

Todavía en la escena celestial, se anuncia que el Papado será gobernado por los no cristianos por 1,260 años y que la Palabra y el Espíritu de Dios serán conducidos a la oscuridad por el Protestantismo, dado su poder de excomulgar e interdecir a los verdaderos cristianos. Pero, después del momento asignado, la Palabra y el Espíritu serán nuevamente predicados a través de un evangelio no adulterado. Luego de esto, la verdadera iglesia será arrebatada (raptada) al cielo, iniciando el final. En ese momento, Jesús toma posesión de la Tierra.

Capítulo XII

Lo que dice	Lo que significa
Una mujer vestida del sol	La iglesia de Dios bajo el nuevo pacto
- la luna debajo de sus pies	- símbolo del antiguo pacto
- una corona de doce estrellas	- los 12 apóstoles del Cordero
- estando encinta con dolores de parto	- tribulaciones que la iglesia debe sufrir
- el hijo regirá con vara de hierro a todas las naciones	- la Verdad prevalecerá
Un gran dragón escarlata	Un gobierno de tiranía y persecución
- siete cabezas	- las siete formas de gobierno Romano*
- diez cuernos	- los diez reinos menores
- siete diademas en su cabeza	- siete reinos con suprema autoridad y poder
- arrastraba la tercera parte de las estrellas y las arrojó sobre la Tierra	- Roma Pagana comprometida a perseguir, torturar, y asesinar a los ministros de la iglesia de Dios y a sus seguidores
- listo para devorar a su hijo al nacer	- los nuevos conversos pueden encontrar el mismo final
- el hijo fue arrebatado por Dios y para su trono	- Dios provee fuerza para soportar las tribulaciones
- mujer huye al desierto	- la iglesia se dispersa y se esconde

Lo que dice	Lo que significa
- protegida por Dios por 1,260 días	- protegida por Dios por 1,260 años
- batalla en el cielo entre Miguel y sus ángeles y el dragón (Satanás) con sus ángeles - el dragón pierde y es lanzado a la Tierra con todos sus ángeles	- Satanás sufrió una severa derrota cuando el Pagano Imperio Romano se dio cuenta que la Cristiandad no podía destruirse, y que los paganos serían destronados
- ellos le han vencido por medio de la sangre del Cordero y de la palabra del testimonio de ellos	- literal
- el dragón persigue a la mujer que acaba de dar a luz al hijo varón	- la Roma Pagana continua su acoso de la Iglesia
-se le dio a la mujer dos alas para que escape a un lugar preparado para ella en el desierto	- la Gracia y Providencia de Dios protege a la Iglesia de sus enemigos
- donde es sustentada por un tiempo, y tiempos, y la mitad de un tiempo	- protegida por Dios por 1,260 años.
- el dragón arrojó de su boca agua como un río para que la mujer fuese arrastrada	- la Roma Pagana y su último esfuerzo para destruir la Cristiandad a través de Diocleciano (AD 302-312)

Lo que dice	Lo que significa
- pero la Tierra ayudó a la mujer pues la Tierra abrió su boca y se tragó el río - el dragón se llenó de ira contra la mujer y se fue a hacer guerra contra el resto de su descendencia	- pero Constantino (AD 313) emite un edicto de tolerancia en favor de los cristianos - la Roma Pagana determina hacer la Guerra a los miembros de la Iglesia de manera individual

* Reinado, Dictadura, Decenvirato, Tribuno, Triunvirato, Imperial, Papal

Aquí tenemos un recuento de la historia ya contada en forma de resumen. El Antiguo Testamento y el Nuevo Testamento son parte del mismo plan. La iglesia verdadera que Jesús dejó luego de Su sacrificio y resurrección pasará por tribulaciones, pero al final, la verdad prevalecerá. Sin embargo, antes de que esto suceda, se nos recuerda que la iglesia debe perdurar muchas persecuciones y tribulaciones por un largo tiempo.

Capítulo XIII

Lo que dice	Lo que significa
Una bestia que sube del mar - siete cabezas y diez cuernos	- el Imperio Romano cambiando de sus 7 formas de gobierno a 10 reinos menores
- diez diademas en sus cuernos	- diez reinos con suprema autoridad y poder
- sobre sus cabezas un nombre blasfemo	- Roma Papal y la inscripción que llevan los Papas

Lo que dice	Lo que significa
- bestia semejante a un leopardo	- la bestia vestida en ropaje Cristiano
- el dragón le dio gran autoridad	- un gobierno de tiranía y persecución
- una de las cabezas fue herida de muerte	- la Reformación dañó al Papado
- su herida fue sanada	- el Papado casi desapareció entre 1806 y 1848
- todos se maravillaron de su recuperación	- la formación del Estado Vaticano en 1929 salvó al Papado
- adoraron a la bestia	- al asumir una organización humana (la religión)
- adoraron al dragón	- creencia en un sistema religioso
- hablaba grandes cosas y blasfemias	- adoptan ritos y ceremonias puramente Paganas
- se le dio autoridad para actuar 42 meses	- estuvieron activos por 1,260 años
- hizo la guerra contra los creyentes y los venció	- persiguió, torturó, y mató a verdaderos cristianos
- la adoraron todos los que no tenían sus nombres en el Libro de la Vida	- todos los apóstatas e inicuos que creen en los poderes eclesiásticos
La bestia como cordero	
- subía de la Tierra	- el territorio del Imperio Romano
- tenía dos cuernos	- Inglaterra y Alemania (Protestantismo)

Lo que dice	Lo que significa
- hablaba como dragón	- imitación del Papado original
- hace que adoren a la primera bestia	- poder eclesiástico sobre todo el Imperio Romano
- cuya herida mortal fue sanada	- el Papado casi desaparece entre 1806 y 1848
- hace grandes señales	- la formación del Estado Vaticano en 1929
- manda que hagan una imagen	- posee las características del Papado
- infunde aliento a la imagen	- los poderes eclesiásticos del Protestantismo
- ordena matar a todo que no adore la imagen	- deben adoptar la religión o ser perseguidos
- obliga a todos a que se pongan una marca en la mano derecha o en la frente	- Vicarius Filii Dei es la inscripción que el Papa lleva en su mitra (Vicario del Hijo de Dios), cuyas letras de la inscripción suman 666
- la marca es el número de su nombre y su número es 666	- **El número que representa su nombre.**

El resumen continúa con la transformación del Imperio Romano de su condición Pagana a la del Papado (aunque fue simplemente un cambio de vestimenta). La Reformación daña al Papado, pero el movimiento Protestante termina por asumir un sistema de religión similar a la de los Católicos, con las mismas consecuencias nefastas para los verdaderos cristianos. Predice que el Papado iba por poco a desaparecer, pero que eventualmente sería rescatado. La "marca de la bestia" está representada por el título que los Papas asumen, que actualmente es la creencia en una religión, mientras que Dios requiere de una simple creencia en la Palabra y el Espíritu.

Capítulo XIV

Lo que dice	Lo que significa
El Cordero y los 144,000	
- Los 144,000 sobre el Monte Sion	- la completa y perfecta iglesia de Dios
- tenían el nombre del Cordero y de Dios en su frente	- la verdadera iglesia de Dios está con el Cordero
- coro canta un nuevo cántico delante del trono	- los redimidos alaban a Dios
- un ángel anuncia las Buenas Nuevas a la Tierra	- la restauración desde 1880 de la verdadera palabra de Dios
- segundo ángel anuncia que ha caído Babilonia	- el Protestantismo cayó moral y espiritualmente
- tercer ángel advierte que no tomen la marca	- advertencia a que rechacen la religión
Uno semejante al Hijo del Hombre sentado en una nube	
- con una corona de oro	- entidad de Dios con autoridad
- sosteniendo una hoz aguda	- para cosechar la iglesia de Dios
- un ángel del Templo le dice que siegue y lo hace	- el trabajo de la Reformación toma lugar
- segundo ángel del Templo sale con una hoz aguda	- otra entidad de Dios con la tarea de cosechar

Lo que dice	Lo que significa
- tercer ángel del Templo con poder sobre el fuego le dice al segundo ángel que siegue	- orden divina de separar a los perversos de los creyentes
- segundo ángel arroja la hoz a la Tierra y la vendimió	- para cortar a los perversos
- del lagar salió sangre hasta los frenos de los caballos	- la destrucción final de los perversos será multitudinaria

Aún en la escena celestial, hay una reafirmación que la iglesia verdadera está con Jesús y que la creencia en una religión no salva. Hay un sentido de urgencia cuando se revela el hecho que la cosecha de Dios está cerca.

Capítulo XV

Lo que dice	Lo que significa
Los siete ángeles con las siete plagas	
- los que alcanzaron la victoria sobre la bestia y su imagen	- la gente de la verdadera iglesia de Dios
- cantando el cántico de Moisés y el cántico del Cordero	- cantan el cántico de liberación y de redención
- del Templo salen los siete ángeles con las siete plagas	- sentencia completa y divina
- cada uno con copas de oro llenas de la ira de Dios	- cada sentencia con un efecto diferente por comando divino
- el Templo se llena de humo	- repleto de la gloria y del poder de Dios

Este es el prólogo de un nuevo conjunto de eventos que continuará afectando el territorio europeo, ya que el relato se centra en seguir los eventos alrededor de la iglesia.

Capítulo XVI

Lo que dice	Lo que significa
El primer ángel derrama su copa	
- la derrama sobre la Tierra	- afecta el territorio de los diez reinos (Europa)
- úlcera maligna y pestilente	-la corrupción de toda moral
El segundo ángel derrama su copa	La Revolución Francesa de 1789
- la derrama sobre el mar	- afecta a los habitantes de los diez reinos
- se convierte en sangre como de muerto	- carnicería y masacre de los habitantes
- murió todo lo que había en el mar	- la destrucción de los reyes, gobernantes, y príncipes
El tercer ángel derrama su copa	La hostilidad de Francia contra las monarquías
- la derrama sobre los ríos y las fuentes de aguas	- afecta a las monarquías alrededor de Francia
- se convirtió en sangre	- las guerras e insurrecciones en Europa
El cuarto ángel derrama su copa	El imperio militar de Napoleón
- la derrama sobre el sol	- afecta al gobernante tirano
- quema a los hombres con su fuego	- campañas militares y batallas sangrientas

Lo que dice	Lo que significa
- blasfemaron el nombre de Dios y no se arrepintieron	- Francia rechaza a Dios
El quinto ángel derrama su copa	
- la derrama sobre el trono de la bestia	- afecta al "Santo Imperio Romano"
- su reino se cubrió de tinieblas	- la caída del Papado entre 1806 y 1848
El sexto ángel derrama su copa	
- la derrama sobre el río Eufrates	- afecta el área del río Eufrates
- el agua de éste se secó para dejar pasar a los reyes del oriente	- trajeron conocimiento y entendimiento de cómo derrotar al "Santo Imperio Romano" sin impedimentos
- tres espíritus inmundos salen de la boca del dragón, de la bestia, y del falso profeta	- Paganismo (de la boca del dragón), Papado (de la boca de la bestia), y Protestantismo (de la boca del falso profeta) todos espíritus demoníacos
- y van a los reyes de la Tierra para reunirlos para la batalla en Armagedón	- forman una confederación para alinearse contra la causa de Jesús
El séptimo ángel derrama su copa	
- la derrama por el aire	- afecta al mundo entero

Lo que dice	Lo que significa
- Dios exclama, "Hecho está"	- el completo y final derrocamiento de todos los poderes civiles y eclesiásticos
- Hubo relámpagos, voces, y truenos	- increíble conmoción que ocurrirá de repente
- un gran temblor	- súbita convulsión política
- la gran ciudad fue dividida en tres partes	- Hedonismo, Catolicismo, y Protestantismo
- las ciudades de las naciones cayeron	- destrucción total del aparato político
- toda isla huyó y los montes no fueron hallados	- la estructura del gobierno civil desaparece
- cae enorme granizo	- intensos pero cortos ataques

Comienza subrayando el rompimiento moral de la clase gobernante, lo que preparó el escenario para la Revolución Francesa y la masacre de la monarquía. Esto, a su vez, rompió los principios morales de la gente a tal extremo que terminaron rechazando a Dios, desencadenando el "reino de terror". No mucho después, Napoleón entra en escena y declara la guerra en Europa con numerosas batallas sangrientas, terminando con el Papado. La historia se interrumpe con una digresión para resumir los eventos históricos y preparar el escenario para los eventos finales. Termina con el derrocamiento de todos los grandes poderes civiles y eclesiásticos, asociados con lo que va a ocurrir en el fin del mundo.

Capítulo XVII

Lo que dice	Lo que significa
Condenación de la gran ramera	
- la sentencia contra la gran ramera	- sentencia contra la iglesia apóstata y renegada
- la mujer sentada sobre muchas aguas	- la religión gobierna a los reyes del mundo
- con la cual han fornicado los reyes de la Tierra	- participantes dispuestos a las abominables idolatrías de la iglesia
- los moradores de la Tierra se han embriagado con el vino de su fornicación	- la gente cegada por los rituales y tradiciones
- mujer sentada sobre una bestia escarlata	- la religión cruenta gobierna sobre los reyes del mundo
- llena de nombres y de blasfemia	- las suposiciones blasfemas del Papado
- la bestia tenía siete cabezas y diez cuernos	- las siete formas de gobierno Romano y los diez reinos menores
- la mujer estaba vestida de púrpura y escarlata	- la falsa iglesia mantenida por los poderes civiles
- adornada de oro, piedras preciosas, y perlas	- enfatizando la ambición por la riqueza física
- tenía en la mano un cáliz de oro lleno de abominaciones	- demostrando la impureza de su moralidad
- en su frente tenía escrito un misterio	- para que todos sepan su verdadero carácter perverso
- estaba ebria de la sangre de los creyentes y mártires	- la sangre de los testigos de Jesús

Lo que dice	Lo que significa
El ángel explica a Juan	
- las siete cabezas	**- son siete reyes. Cinco han caído, uno es y el otro aún no ha venido y cuando venga es necesario que dure breve tiempo**
- los diez cuernos	**- diez reyes que aún no han recibido reino, pero por una hora recibirán autoridad como reyes juntamente con la bestia. Estos tienen un mismo propósito y entregarán su poder y autoridad a la bestia**
- las aguas donde la ramera se sienta	**- son pueblos, muchedumbres, naciones, y lenguas**
- la ramera	**- la gran ciudad que reina sobre los reyes de la Tierra**

Aquí nuevamente describe las características de la iglesia blasfema Papal y una explicación angelical de la simbología y de cómo el Imperio Romano desaparecerá por un tiempo y luego reaparecerá como el "Santo Imperio Romano."

Capítulo XVIII

Lo que dice	Lo que significa
Otro ángel anuncia - "Ha caído, ha caído la gran Babilonia" - se ha hecho habitación de demonios, todas las naciones han bebido del vino del furor de su fornicación - los reyes de la Tierra han fornicado con ella	 - Hedonismo, Catolicismo, y Protestantismo caen - su caída moral es la señal para el arrebato (rapto) al cielo de la iglesia de Dios - los poderes políticos apoyan a las religiones apóstatas
Dios se ha acordado de sus maldades	La palabra verdadera de Dios traerá a la luz todas las malicias y abominaciones
- los reyes de la Tierra llorarán cuando vean el humo de su incendio y los mercaderes de la Tierra llorarán porque ninguno compra más sus mercancías	- "El Señor consumirá con el espíritu de su boca y destruirá con el brillo de su venida."
Un ángel poderoso tomó una piedra de molino y la arrojó al mar - así será derribada Babilonia	 - las religiones en condenación eterna

La historia continúa declarando que la blasfemia persiste con las apóstatas religiones del mundo, razón por la cual Dios demuestra primero cuán malvadas y abominables las religiones son, seguido por su completa destrucción.

Capítulo XIX

Lo que dice	Lo que significa
Gran multitud alabando a Dios	
- las bodas del Cordero	- la unión de Jesús y Su iglesia
su esposa se ha preparado	la iglesia resistió a la bestia
- vestida de lino fino, limpio y resplandeciente	**- las acciones justas de los santos** (creyentes)
- bienaventurados los que son llamados a la cena de las bodas del Cordero	- hay mucho regocijo en el cielo
El cielo se abre y un caballo blanco aparece	Conquista gloriosa de Jesús en su segundo adviento
- el jinete se llamaba Fiel y Verdadero	- Jesús en su infinita dignidad y majestuosidad
- Sus ojos eran como llama de fuego	- la tarea de venganza contra sus enemigos
- en Su cabeza muchas diademas	- Su dominio supremo
- vestido de una ropa teñida en sangre	- la sangre de los enemigos de la Verdad
- Su nombre es "El Verbo de Dios"	- literal
- Los ejércitos celestiales vestidos de lino finísimo le seguían en caballos blancos	- los "diez mil de Sus santos" manifestando su pureza de espíritu
- De Su boca sale una espada aguda	- la filuda palabra de Dios
- Él regirá a las naciones con vara de acero	- el pecado no es tolerado

Lo que dice	Lo que significa
Un ángel de pie en el sol	
- las aves que vuelan en medio del cielo	- poder inalcanzable
- "venid para que comáis carnes de reyes y de capitanes…"	- la destrucción final y eterna de los aliados poderes del pecado
- vi a la bestia, a los reyes de la Tierra, y a sus ejércitos para guerrear contra el que montaba el caballo	- la iglesia apóstata y los líderes del mundo se enfrentan a Jesús
- la bestia y el falso profeta fueron apresados	- el Catolicismo y el Protestantismo son anulados
- y lanzados vivos dentro de un lago de fuego que arde	- y sus seguidores fueron enviados al infierno
- los demás fueron muertos con la espada que salía de la boca del que montaba el caballo	- la filuda palabra de Dios destruye la apostasía y la idolatría
- todas las aves se saciaron de las carnes de ellos	- la destrucción final de la iglesia apóstata

Estas son cosas que ocurrirán en el futuro, muy probablemente después del arrebato (rapto) de la verdadera iglesia. Jesús, seguido por un ejército de creyentes, destruye completamente a la falsa iglesia y a los líderes políticos del mundo con su espada filuda de Su palabra y los manda al infierno.

Capítulo XX

Lo que dice	Lo que significa
Un ángel con la llave del abismo	
- con una gran cadena en la mano prendió al dragón que es Satanás	- el poder de atar al mismo demonio
- lo ató por mil años y lo arrojó al abismo y lo encerró	- aislado por un largo tiempo lo encerró en el infierno
- lo selló para que no engañase más a las naciones	- los entes malvados ya no tendrán el poder
- después de los mil años debe ser desatado por un poco tiempo	- ¿literal?
Juzgamiento	
- gente en tronos que se sentaron para juzgar	- privilegio exaltado que Jesús prometió
- almas de los que fueron decapitados por causa del testimonio de Jesús, de los que no adoraron a la bestia y los que no recibieron la marca	- los espíritus de los mártires reinarán con Jesús en el Paraíso
- reinarán con Jesús mil años	- ¿literal?
- los otros muertos no volverán a vivir hasta cumplir los mil años	- Los no creyentes que mueren no resucitan hasta después de los mil años
Después de los mil años	
- Satanás será suelto de su prisión	- ¿literal?

Capítulo XX

Lo que dice	Lo que significa
- saldrá a engañar a las naciones de Gog y Magog	- ¿literal?
- a fin de reunirlos para la batalla	- La batalla entre la verdad y el error
- rodearon el campamento de los santos (creyentes) y la ciudad amada (Jerusalén)	- ¿literal?
- de Dios descendió fuego del cielo y los consumió	- ¿literal?
- el diablo fue lanzado en el lago de fuego donde la bestia y el falso profeta estaban	- Satanás es lanzado al infierno
- y serán atormentados día y noche para siempre	- literal
El juicio ante el gran trono blanco	
- huyeron la Tierra y el cielo de la presencia de Dios	- la disolución de este mundo cuando Jesús regresa
- los muertos, grandes y pequeños de pie ante Dios	- literal
- los libros fueron abiertos y fueron juzgados por las cosas que estaban escritas en los libros, según sus obras	- las acciones de todos son conocidas perfectamente y recordadas por Dios como si hubieran sido grabadas
- el mar entregó los muertos	- ¿literal?
- la muerte y el Hades entregaron los muertos	- gente del infierno también va al juicio final

Lo que dice	Lo que significa
- la muerte y el Hades fueron lanzados al lago de fuego, esta es la segunda muerte - el que no se halló inscrito en el libro de la vida fue lanzado al lago de fuego	- los del infierno son condenados y luego regresan al infierno - los que no aceptan a Jesús como Señor y Salvador no tienen su nombre inscrito en el Libro de la Vida

La historia continúa con más detalles luego de la derrota de la falsa iglesia y de los corruptos líderes políticos. Satán es lanzado al infierno para siempre. La verdadera iglesia vivirá con Jesús en el cielo. Dios disuelve al mundo.

Capítulo XXI

Lo que dice	Lo que significa
Un cielo nuevo, una Tierra nueva - el primer cielo, Tierra y mar ya no existen más	- literal
- la nueva Jerusalén desciende del cielo	- ¿literal?
- el tabernáculo de Dios está con los hombres	- Su iglesia en perfecta comunión con Dios
- enjugará Dios toda lágrima y ya no habrá muerte, llanto, clamor, o dolor	- una vez en el cielo viviremos en un cuerpo exaltado donde las cosas físicas ya no nos afectan
- "Yo hago nuevas todas las cosas"	- literal

Lo que dice	Lo que significa
- "Hecho está. Yo soy el Alfa y el Omega, el principio y el fin. Al que tuviere sed, yo le daré gratuitamente de la fuente del agua de la vida. El que venciere heredará todas las cosas y Yo seré su Dios, y él será mi hijo. Pero los cobardes e incrédulos, los abominables y homicidas, los fornicarios y hechiceros, los idólatras y todos los mentirosos tendrán su parte en el lago que arde con fuego y azufre, que es la muerte segunda."	- Dios anuncia que ya logró todo lo que había diseñado desde el comienzo y da una severa advertencia a los incrédulos.
Un ángel muestra la ciudad santa	
- Jerusalén que descendía del cielo, de Dios	- el hogar de los redimidos
- teniendo la gloria de Dios, su fulgor semejante al de una piedra preciosísima. El ángel mide la ciudad, sus muros, y sus puertas. La ciudad mide 12,000 estadios (2,160 Km) de ancho, largo, y altura. Las paredes son 144 codos (65 m) de ancho	- el cielo es un lugar de maravillosa belleza y de gloria trascendente, demostrado por el hecho que todo lo que se considera grandioso y glorioso en la Tierra fue escogido para describir la casa de los redimidos

Lo que dice	Lo que significa
- las paredes son hechas de jaspe y la ciudad está hecha de puro oro. Las 12 puertas son hechas de perlas	- los símbolos escogidos para describir el cielo son objetos de tal valor, aún excedidos del esplendor real, que pausamos de asombro
- Dios Todopoderoso y el Cordero es el templo	- literal
- la gloria de Dios la ilumina y el Cordero es su lumbrera	- Dios es luz
- allí no habrá noche	- Dios es eterno
- no entrará en ella ninguna cosa inmunda, o que hace abominación y mentira	- los muros representan la seguridad de Sion, cuyos habitantes pueden descansar en paz y seguridad

Esta parte y la próxima nos da un vistazo de cómo van a ser las cosas en el cielo, descripción que faltan palabras para hacerle justicia.

Capítulo XXII

Lo que dice	Lo que significa
Un ángel muestra a Juan un río de agua de vida	
- resplandeciente como cristal	- pureza extrema
- que salía del trono de Dios y del Cordero	- Dios y Jesús son la fuente del agua de vida
- a uno y otro lado del río estaba el árbol de la vida	- la inmortalidad y la incorrupción en el cielo
- que produce 12 frutos, dando cada mes su fruto	- florece y da frutos abundante y continuamente

Lo que dice	Lo que significa
- las hojas del árbol son para la sanidad de las naciones	- este privilegio es para toda la gente de Dios
- verán el rostro de Dios y su nombre estará en sus frentes	- el lenguaje de símbolos se detiene aquí
- "No selles las palabras de la profecía de este libro, porque el tiempo está cerca."	
- "El que es injusto, sea injusto todavía; y el que es inmundo, sea inmundo todavía; y el que es justo, practique la justicia todavía; y el que es santo, santifíquese todavía."	
- "Yo soy el Alfa y la Omega, el principio y el fin, el primero y el último. Bienaventurados los que lavan sus ropas, para tener derecho al árbol de la vida, y para entrar por las puertas de la ciudad."	
- "Mas los perros estarán fuera, y los hechiceros, los fornicarios, los homicidas, los idólatras, y todo aquel que ama y hace mentira."	

Lo que dice	Lo que significa
"Yo Jesús he enviado mi ángel para daros testimonio de estas cosas en las iglesias. Yo soy la raíz y el linaje de David, la estrella resplandeciente de la mañana." "Y el Espíritu y la Esposa (la iglesia) dicen: Ven. Y el que oye, diga: Ven. Y el que tiene sed, venga; y el que quiera, tome del agua de la vida gratuitamente." "Yo testifico a todo aquel que oye las palabras de la profecía de este libro: Si alguno añadiere a estas cosas, Dios traerá sobre él las plagas que están escritas en este libro. Y si alguno quitare de las palabras del libro de esta profecía, Dios quitará su parte del libro de la vida, y de la santa ciudad y de las cosas que están escritas en este libro."	

Resumen

Los eventos proféticos resumidos de lo que pasó (del Siglo I al Siglo XXI) y lo que va a pasar en la Tierra en el futuro son asombrosos. Parece describir a la letra y dentro de una cronología específica nuestra historia política y religiosa. Como ya se mencionó, no incluye toda la historia, sólo la historia política y eclesiástica que tiene que ver con la iglesia de Dios. Los eventos predichos que ocurrieron recientemente (el restablecimiento del estado de Israel) y los eventos precursores al desencadenamiento final que están ocurriendo actualmente, como Turquía rompiendo su histórica alianza con Israel y acercándose a Rusia, deben de disipar en nosotros cualquier duda sobre la veracidad de la Biblia y de lo que va a ocurrir en el futuro.

Comienza con una visión maravillosa del trono de Dios y Su corte compuesta por los siete espíritus de Dios, los cuatro seres vivientes (representando a los redimidos hijos de Dios de los cuatro puntos cardinales de la Tierra), veinticuatro ancianos (representando a los ministros de Dios del Antiguo y Nuevo Testamento), ángeles, y Jesús, todos los que serán parte de la coreografía simbólica de nuestra pasada y futura historia. Jesús sostiene un libro asegurado con siete sellos, los que rompe uno a uno con diferentes efectos en la Tierra. Los primeros cuatro de los siete sellos están caracterizados por los "jinetes del Apocalipsis", representando a los humildes ministros de Jesús, quienes salieron valientemente, obedeciendo el comando divino, a predicar a todo el mundo conocido el evangelio de Jesús (representado por el jinete del caballo blanco); los Paganos, quienes eran los grandes oponentes del establecimiento de la Cristiandad que los perseguían y mataban (representado por el jinete del caballo bermejo); un ministerio apóstata, poseyendo poder y autoridad para imponer las más severas exacciones a la verdadera iglesia, produciendo una hambruna espiritual desoladora (representado por el jinete del caballo negro); los Papas muchas veces ordenaban cruzadas contra gentes donde la espada, hambruna, y toda manera de crueldad inimaginable era usada para exterminar la llamada "herejía" (representado por el jinete del caballo amarillo). El quinto sello muestra las almas de millones que perdieron sus vidas a instancias de los Paganos, y luego por la apóstata iglesia de Roma (Papal y Protestante), solicitando ser vindicados de su justa sangre, pero Dios les pide que esperen porque un nuevo período de persecución está por venir. El sexto sello trata sobre reinos derrocados y sus gobernantes y príncipes hechos objetos del terror más sombrío. Describe los continuos ataques de hordas de bárbaros de todas las direcciones, dañando severamente a la Roma Pagana. Hasta este punto, la visión representa una sinopsis del libro entero, conteniendo la historia de la iglesia apóstata hasta su final, así como también la historia contemporánea de la verdadera iglesia de Dios. El séptimo sello detalla la cuenta de los grandes poderes de persecución, civil y eclesiástica, y los juicios y triunfos de la iglesia de Dios, desarrollando más enteramente los eventos descritos bajo el sexto sello.

Lo que sigue son los siete ángeles, cada uno sucesivamente tocando una trompeta, señalando la disminución de poder del Imperio Romano Occidental hasta su eventual caída. La primera trompeta señala los ataques de Alarico y sus hordas góticas del norte que estalla como un tornado sobre el imperio al comienzo del Siglo V AD, esparciendo destrucción y desolación por todos lados.

Invadieron Italia, acosando y capturando Roma en repetidas veces, y amenazando el derrocamiento del imperio, pero no se asentaron en su territorio. La segunda trompeta indica la invasión del "terrible Genserico" con sus hordas vándalas, que empujaron hacia el sur por Gaula (Francia) y España, conquistando el territorio de Cartago en el norte de África, formando allí un gobierno independiente y permanente en 439 AD. De esta posición fija, Genserico comenzó incursiones repetitivas y desoladoras contra el Imperio Romano alrededor del mar Mediterráneo. La tercera trompeta anuncia la llegada de Atila y sus Hunos, que eran aún más crueles y bárbaros que los góticos y los vándalos. Vinieron de las remotas partes del Asia y se vertieron como un ciclón, primero sobre los habitantes del Imperio Oriental (en 442 y 445 AD) y luego cambiando su atención hacia el oeste. Después de su derrota en Chalons por las fuerzas combinadas de los Visigodos, Alanos, Francos, y Romanos, Atila murió súbitamente en 453 AD. La cuarta trompeta resume las tres como parte de la justicia retributiva para humillar a la Roma Pagana por la muerte de millones de cristianos. La quinta trompeta señala la llegada de un impostor religioso bajo Mohamed que, en la cueva de Hira cerca de Meca, recibió sus pretendidas revelaciones en 606 AD. Sus seguidores y guerreros, los Sarracenos, hicieron extensas conquistas y aumentaron enormemente en número. Pero no derrocaron al Imperio Oriental ni destruyeron a la iglesia Romana, corrupta y apóstata que era. La sexta trompeta marca los ataques de los Turcos, los que eventualmente se convirtieron en el Imperio Otomano, que primero tomó posesión de Armenia Mayor en el Siglo IX, donde aumentaron sus números, y en espacio de 200 años, se transformaron en un poder formidable. Al final de este periodo, se organizaron en cuatro Sultanías, sus capitales que fueron en Bagdad, Damasco, Alepo, e Iconio entre 1055 y 1080. Contando su primera victoria en Europa en 1281 y su última conquista en 1672, nos da la cronología exacta dada por la profecía; 391 años y 15 días.

Así como hubo una pausa entre el sexto y el séptimo sello, hay también una pausa entre la sexta y la séptima trompeta. Un ángel avisa que cuando la séptima trompeta suene, el misterioso plan final de Dios será cumplido. Un ángel le dice a Juan que se coma el librito que tenía, que fue dulce al gusto, pero amargo en el estómago, señalando que la palabra de Dios es tomada con afán, pero seguida de amarga oposición y hasta persecución. Luego está la historia de los dos testigos en arpilleras que profetizan por 1,260 años. Cuando la apostasía se incrementó, el poder gobernante de la Palabra y del Espíritu de Dios en la iglesia gradualmente fue usurpado por la creciente jerarquía de la iglesia Papal, hasta que los humanos tuvieron toda autoridad. Entonces, esta apostasía Papal eventualmente dio lugar a la apostasía Protestante. Desde que el credo y la formación de sectas comenzaron, la Palabra y el Espíritu, los dos testigos a que se refiere la profecía, no tuvieron poder ni autoridad de gobernar en el Protestantismo. "Un vasto número del clérigo no considera la Biblia como la palabra inspirada de Dios a los humanos, pero simplemente como una pieza notable de literatura religiosa que registra el desarrollo natural del consciente religioso entre un grupo de gente peculiarmente sensible. Mientras Protestantes ni por un momento esconderían el bendito libro, tampoco le dan el lugar que debería ocupar como la única disciplina de fe."

Lo que sigue es una pequeña regresión en la historia. La iglesia de Dios, bajo el nuevo pacto, pasará por tribulaciones. Roma Pagana perseguirá, torturará, y matará a ministros cristianos, así como a sus seguidores y a los nuevos conversos. Sin embargo, la verdad prevalecerá. Antes que esto ocurra, la bestia Romana cambiará de Pagana a Papal. La Reformación herirá al Papado, que por poco desaparece al comienzo y al medio del Siglo XIX. Pero, Benito Mussolini, con la creación del Estado Vaticano en 1929, salva al Papado. El Protestantismo, que es una imitación del Papal original, al adoptar un sistema religioso con poderes eclesiásticos, comparte la marca de la bestia. Sus seguidores adoptan la marca al creer en el sistema religioso y el poder que tienen sobre ellos. Aceptan la marca esencialmente al convertirse en cómplices de los pecados de su religión. Las cosas cambian cuando Dios escribe Su nombre en Sus escogidos, restaurando la verdad del evangelio. "Alrededor del año 1880, Dios empezó a formar hombres y mujeres santos a los cuales comisionó a predicar nuevamente el eterno evangelio del reino. Predican, enseñan, y creen cada palabra de verdad encontrada en la Biblia sin ninguna conferencia, organización, o disciplina de humanos."

Nuevamente, la historia se repite bajo los siete ángeles, cada uno vertiendo copas a diferentes partes de La Tierra, afectándola de diferentes maneras. La primera copa es derramada sobre la Tierra, corrompiendo la moral de la gente. La segunda copa es derramada sobre el mar, afectando a los habitantes con la carnicería y la masacre que la Revolución Francesa causó. La tercera copa es derramada sobre los ríos y los manantiales, indicando la propagación al resto de Europa de sentimientos antimonárquicos que se originaron en Francia. La cuarta copa es derramada sobre el sol, señalando el gobierno tiránico de Napoleón, las batallas sangrientas, y el rechazo de Dios. La quinta copa es derramada sobre el trono de la bestia, significando la caída del Papado y del "Santo Imperio Romano." La sexta copa es derramada sobre el río Eufrates, indicando la fuente del Imperio Otomano que por siete siglos se convirtió en un obstáculo contra la causa de Jesús. La séptima copa es derramada al aire, afectando al mundo entero con un completo y final derrocamiento de todos los poderes civiles y eclesiásticos, lo que todavía está por ocurrir en el futuro.

Lo que sigue consiste en varios temas diferentes repitiendo un poco lo que ya se cubrió. Babilonia es considerada "el centro de la idolatría en la Tierra y se erige como el directo enemigo de la gente de Dios"; es representada por la falsa iglesia, siendo el centro de la idolatría espiritual. Existen otras rameras o iglesias corruptas en el mundo además de ella, pero el Papado es la madre de todas ellas. Son todas pequeñas a su lado. Algunas le rinden honores y, con profunda veneración, la llaman "nuestra santa madre iglesia", pero Dios la describe como la "madre de rameras y abominaciones de la Tierra." Esta iglesia apóstata está "ebria de la sangre de la gente santa de Dios," es decir, es responsable de las persecuciones, torturas, y muertes de los testigos de Jesús, la verdadera iglesia de Dios.

Los eventos que siguen ocurrirán en el futuro. Después de la resurrección de la Palabra y el Espíritu de Dios por la verdadera iglesia, se escucha una voz del cielo (Rev 11:12), "Y oyeron una gran voz del cielo, que les decía: Subid acá. Y subieron al cielo en una nube; y sus enemigos los vieron." Esta ascensión al cielo en presencia de sus enemigos, lo que, según este capítulo ocurrirá antes que ocurran las tribulaciones del fin del mundo, los cristianos le llaman "el rapto". La verdadera iglesia de Dios será "tomada" o "arrebatada" al cielo. Una vez que la iglesia no esté en la Tierra, la maldad actuará libremente. Una vez que la maldad esté en esta condición irrestricta, comenzarán enormes convulsiones políticas en el mundo con gran destrucción. Al final los gobiernos serán derrocados, y eventualmente Jesús será el único rey que quede. Su misión será la de resucitar a los muertos para que sean juzgados, de recompensar a los profetas y a los creyentes verdaderos, y de desterrar con eterna destrucción a los que corrompieron la Tierra.

Conclusión

Debido a nuestra pecaminosa naturaleza humana, nuestro conflicto entre el bien y el mal se traduce en todo lo que pensamos y hacemos. Por lo tanto, estos rasgos pecaminosos se encuentran en la política y la religión. En términos de política, demostramos que un sistema que permite desarrollarnos con la mínima restricción gubernamental, ambos económicamente y en términos de libertades personales, es la que provee la mejor estabilidad y que ha sacado de la pobreza a más gente a través de nuestra historia. Ese sistema es irrefutablemente el Capitalismo bajo una filosofía política Libertaria o de Libre Mercado. El Comunismo es Socialismo impuesto a la gente por la fuerza. El Socialismo usa el sistema democrático para obtener el poder, y una vez dentro, se esfuerza por cambiar las reglas para mantenerse en el poder así la mayoría no esté de acuerdo con su filosofía política. Ningún país en toda la historia del mundo ha mejorado las condiciones de su gente bajo el Comunismo o el Socialismo. ¿Qué hay de China, se preguntarán? Bueno, China realmente utiliza el Capitalismo para expandir su poder económico mientras mantiene a sus ciudadanos bajo un estricto control comunista. Atrae compañías para que se establezcan en China, dados sus bajos costos generales de operación (bajos sueldos, bajos pasivos por prestaciones a empleados, bajos costos de terrenos, infraestructura lista o construida a las especificaciones, etc.), a cambio de enormes ganancias comparadas con establecerse en cualquier otro país. Imagínese las ganancias de este trato que las compañías aceptan vender hasta 51% de sus acciones a la élite china (las cabezas del partido comunista chino) para permitirles operar en china. Esto es totalmente en contra de los principios capitalistas. Esta es una completa depravación del Capitalismo. Esto es puramente un "Socialismo globalista" de la peor forma.

En términos de religión, hemos demostrado que la maldad usa la religión para alejarnos de la verdad de Dios. Incluso durante aparentes eventos positivos que ocurrieron en la historia, tal como la adopción por el Imperio Romano de la cristiandad como su religión oficial. Luego de 300 años de persecución, tortura, y muerte de la verdadera iglesia, el demonio confeccionó un sistema que envileció al cristianismo con el paganismo Romano, creando el Papado, que resultó siendo tan repugnante y asesino como el sistema de religión anterior. Satanás es conocido como "el padre de las mentiras" y como tal, ha distorsionado la verdad desde el comienzo de los tiempos. En el pasado, sus mentiras fueron esparcidas a la gente a través de la religión, un sistema falso de creencia basado en ambición humana por la riqueza y el poder, con la que esclavizó a la gente con rituales para ocultar su maldad con espiritualidad. Esta mezcla de política y religión está encarnada primero por el Papado y luego por el Protestantismo en Europa; y Mahometismo, Hinduismo, y Budismo en la mayor parte del resto del mundo. Una variación de esta característica puede verse en países comunistas y socialistas, donde el culto forzado al estado reemplaza la religión. También hemos tocado el tema del "nuevo socialismo" encarnado por el Globalismo, donde "el mundo" es el nuevo culto forzado a todos. A este respecto, la maldad disfrazada de religión, el culto al estado, o de las cosas de este mundo (especialmente el medio ambiente), busca difundirse por todo el planeta, no tanto por tradición y opresión, como solía ocurrir, sino a través de todos los sistemas de comunicación que la tecnología nos ofrece. Las noticias falsas siempre han existido; sin embargo, son en estos tiempos mucho más aparentes para aquellos que pueden ver a través de las ocultas intenciones políticas. Para aquellos que tuvieron "las escamas caídas de sus ojos" y ahora pueden ver claramente, es asombroso escuchar a los que aún están ciegos, defender esas mentiras y hasta atacar a los que les tratan de mostrar los hechos que prueban que están equivocados. No queda otra cosa que rogar por ellos y seguir señalando la verdad en cada oportunidad con la tranquilidad de espíritu que al final la Verdad prevalecerá.

Para concluir, yo tomo refugio en la siguiente exhortación de Jesús en la conclusión del libro de Revelación (Rev 22:11-15): "El que es injusto, sea injusto todavía; y el que es inmundo, sea inmundo todavía; y el que es justo, practique la justicia todavía; y el que es santo, santifíquese todavía. Yo soy el Alfa y la Omega, el principio y el fin, el primero y el último. Bienaventurados los que lavan sus ropas, para tener derecho al árbol de la vida, y para entrar por las puertas de la ciudad. Mas los perros estarán fuera, y los hechiceros, los fornicarios, los homicidas, los idólatras, y todo aquel que ama y hace mentira." ¡Amén!

Testimonio

Siendo un pecador, necesitaba un Salvador. Ahora que conozco quién es Él, cómo me salvó, y por qué; comparto con ustedes mi historia.

Cuando era niño, me gustaban las ciencias, pero siempre tuve problemas con las matemáticas hasta el sexto grado cuando un nuevo profesor, que tenía la reputación de ser muy severo, explicó el proceso matemático de una manera que me lo aclaró. Esto me hizo dar cuenta que realmente no tenía un problema en comprender las matemáticas, sino que tenía un problema con la manera de que era normalmente enseñada. Desde ese momento, pasé de alguien que siempre tenía malas notas en matemáticas, a obtener grados en oceanografía, ciencias ambientales, e ingeniería civil. Como hombre de ciencia, mi concepto de Dios era abstracto. La crianza católica me dio la noción de la Santa Trinidad, pero no sabía realmente lo que esto significaba. Nunca fui un ateo o un escéptico, pero ciertamente un científico, lo que esto signifique. Siempre tuve conflictos entre los conceptos de la creación y lo que la ciencia me indicaba sobre todas las maravillosas cosas que se observan; las microscópicas, las macroscópicas, y las astronómicas. El orden, la perfección, los detalles, el propósito de todas las cosas, y de cómo todo tiene una función. Esto no puede ser producto del azar, me decía. El increíble diseño de todas las cosas debe tener un Diseñador, un Creador, y un Conductor. Si esto es así, las cosas de Dios y la ciencia deben estar conectadas porque Dios también creó las leyes sobre las que se construye la ciencia. No existe otra explicación.

Yo era un típico pecador que pensaba de sí mismo como una buena persona, esto es; mis buenas acciones seguramente superan mis malas, y ya que no soy un asesino, un mentiroso, un borracho, etc., debería estar bien ante los ojos de Dios. Luego tuve el ansia de revisar la Biblia, no tanto para aprender la "palabra de Dios", sino para investigar si habían contradicciones. Quería específicamente comparar los diferentes evangelios. Para mi sorpresa, la Biblia tiene referencias a todas partes del libro (Antiguo y Nuevo Testamento), por lo tanto, el trabajo ya había sido hecho. No había nada escondido para ser descubierto. Luego tropecé con una estación de radio cristiana que tenía diferentes programas con diferentes pastores que discutían y exponían sobre la vida de Jesús y las historias de la Biblia. Por mi trabajo tenía que manejar largas distancias y la radio me resultaba una buena compañera. Pronto después, decidí escuchar los programas, aún cuando no estaba manejando, durante la hora del almuerzo. Hice esto por un par de años. Escuchando y aprendiendo; cómo la Biblia era Su historia centrada en Jesús, cómo fue escrita por hombres, pero inspirados por el Espíritu Santo, evidenciado por la cantidad de profecías cumplidas en Su primer adviento y aún más profecías en Su futuro segundo adviento, entre muchas otras cosas.

En una de esas pausas para el almuerzo, decidí decir la Plegaria del Creyente, y mi ser entero cambió para siempre. No sólo mis ojos fueron abiertos más aún de lo que ya estaban, pero mi mente estalló con la sacudida que el Espíritu Santo me provocó cuando lo invité a tomar control de mi vida. Comencé a ver, pensar, y a reaccionar a las cosas diferentemente. Recitaba las Escrituras que antes ni siquiera sabía antes. Comprendía la razón de la progresión de las cosas descritas en la Biblia. La gente a mi alrededor, de la nada, me preguntaba sobre cosas espirituales, y para mi sorpresa, tenía respuestas. Pero no estaba contento con lo poco que sabía de la Biblia, por lo que comencé a leerla toda desde el comienzo. La primera vez que la leí, la devoré. Mientras la leía, podía identificar toda clase de gemas en sus páginas. La segunda vez que la leí, decidí señalar cada una de esas gemas en cinco diferentes categorías: Cristofanías (las veces que Jesús aparece en el Antiguo Testamento), plegarias, predicciones sobre Jesús, predicciones sobre el futuro, e instrucciones. Cada vez que leo la Biblia de nuevo, descubro más y más gemas escondidas. Con el tiempo, me vi conminado a escribir en mis propias palabras comentarios de varios temas. Tal vez pueda devolver el favor a mi profesor de matemáticas, me decía, al explicar mi comprensión de la Verdad de manera tal que otra gente pueda entenderla. Esto culminó con la publicación de este libro. Los escépticos podrán reaccionar a estas palabras con la misma actitud de Pilato cuando le preguntó a Jesús: "¿Qué es la Verdad?" pero nunca esperó Su respuesta. Bueno, tal vez le hubiera dicho que la Verdad es la manifestación de la realidad como es percibida no por los humanos, sino por Dios. Este es el tema del libro.

Reconocimiento

A mi esposa Rocío, la madre de nuestros hijos, mi amante, y mi mejor amiga. Sin su amor y apoyo, no hubiera podido lograr esto.

A Jean-Pierre D'Brot por ayudarme con la edición de esta traducción del original "Let's talk about Politics & Religion"

Referencias

(Todos los sitios en la web listados aquí son precisos a tiempo de la publicación, pero pueden cambiar en el futuro o hasta dejar de existir)

Gallup
https://news.gallup.com/poll/1663/media-use-evaluation.aspx

"Economic Justice." The Movement for Black Lives. Accessed September 11, 2017. https://policy.m4bl.org/economic-justice/. Archive: https://www.influencewatch.org/app/uploads/2017/08/The-Movement-for-Black-Lives-M4BL-Economic-Justice.pdf ^

International Monetary Fund
https://data.imf.org/?sk=4FFB52B2-3653-409A-B471-D47B46D904B5&sId=1485878708037

Trading Economics
www.tradingeconomics.com

The CATO Institute
https://www.cato.org/human-freedom-index-new

Migration Policy Institute
https://www.migrationpolicy.org/programs/data-hub/charts/top-25-destinations-international-migrants?width=1000&height=850&iframe=true

Federation for American Immigration Reform
https://www.fraserinstitute.org/sites/default/files/
ProductivityProsperityBusinessTaxes.pdf

McIntyre, S. & McKitrick, R. (2003) Corrections to the Mann et al. (1998) proxy database and northern hemispheric average temperature series. Energy & the Environment. Volume 14, No. 6. pp. 751-771.
https://climateaudit.files.wordpress.com/2005/09/mcintyre.mckitrick.2003.pdf

The 8 Beliefs You Should Know about Mormons When They Knock at the Door
https://www.thegospelcoalition.org/blogs/justin-taylor/the-8-beliefs-you-should-know-about-mormons-when-they-knock-at-the-door/

Wikipedia. 2021. "Book of Mormon." Last Modified Date: 9 March 2021. https://en.wikipedia.org/wiki/Book_of_Mormon

Islam
https://www.history.com/topics/religion/islam

Wikipedia. 2021. "Quran." Last Modified Date: 1 March 2021. https://en.wikipedia.org/wiki/Quran

Core Beliefs of Hindus
https://www.dummies.com/religion/hinduism/core-beliefs-of-hindus/

Wikipedia. 2021. "Vedas." Last Modified Date: 6 February 2021. https://en.wikipedia.org/wiki/Vedas

Judaism
https://www.history.com/topics/religion/judaism#section_3
Christianity
https://www.history.com/topics/religion/history-of-christianity
Wikipedia. 2021. "Bible." Last Modified Date: 7 March 2021. https://en.wikipedia.org/wiki/Bible

Frederick George Smith. Second Ed. 1918. "The Revelation Explained, An Exposition, Text by Text, of the Apocalypse of St. John." Project Gutenberg. 2004. http://www.gutenberg.org/ebooks/13229

Bible quotes in New Living Translation (NLT) and New King James (NKJ) versions. 2021. Bible Gateway. https://www.biblegateway.com/quicksearch/?quicksearch=Genesis&version=NLT

La Santa Biblia, Antiguo y Nuevo Testamento. Antigua versión de Casiodoro de Reina (1569), Revisión de 1960, Sociedades Bíblicas en América Latina

www.ingramcontent.com/pod-product-compliance
Lightning Source LLC
Chambersburg PA
CBHW071621030726
47598CB00001B/379